AF166566

Felix Huth

Straßenkinder in Duala

VS COLLEGE

Reviewed Research. Auf den Punkt gebracht.

VS College richtet sich an hervorragende NachwuchswissenschaftlerInnen. Referierte Ergebnisse aus Forschungsprojekten oder Abschlussarbeiten werden in konzentrierter Form der Fachwelt präsentiert. Zur Qualitätssicherung werden externe Begutachtungsverfahren eingesetzt. Eine kompakte Darstellung auf 60 bis maximal 120 Seiten ist dabei das Hauptkennzeichen der neuen Reihe.

Felix Huth

Straßenkinder in Duala

Wie sie leben und warum sie auf der Straße sind

VS COLLEGE

Bibliografische Information der Deutschen Nationalbibliothek
Die Deutsche Nationalbibliothek verzeichnet diese Publikation in der
Deutschen Nationalbibliografie; detaillierte bibliografische Daten sind im Internet über
<http://dnb.d-nb.de> abrufbar.

1. Auflage 2011

Lektorat: Dorothee Koch | Monika Mülhausen

VS Verlag für Sozialwissenschaften ist eine Marke von Springer Fachmedien.
Springer Fachmedien ist Teil der Fachverlagsgruppe Springer Science+Business Media.
www.vs-verlag.de

Umschlaggestaltung: KünkelLopka Medienentwicklung, Heidelberg
Gedruckt auf säurefreiem und chlorfrei gebleichtem Papier
Printed in Germany

ISBN 978-3-531-18338-1

Danksagung

Es sollte nicht unerwähnt bleiben, dass – obwohl das eigentliche Schreiben eines Buches naturgemäß eine recht einsame Angelegenheit ist – Bücher ihr Entstehen meist der Mithilfe vieler Menschen zu verdanken haben. Die hier vorliegende Studie stellt davon keine Ausnahme dar. Mein herzlicher Dank gilt daher an dieser Stelle den Bewohnern und Mitarbeitern von Saint Nicodème, Sœur Marie Roumy, M. Daniel Yoghowa, Prof. Dr. Christian von Wolffersdorff, Prof. Dr. Solvejg Jobst, Univ.- Prof. Dr. Brigitte Latzko, Dr. Robert Wilkens, meiner Familie und meinen Freunden, die alle, auf ihre Weise, ihren Beitrag zur Entstehung dieses Buches Beigetragen haben.

Felix Huth   Leipzig, im Juni 2011

Inhalt

Danksagung 5

1   Einleitung 9

2   Straßenkinder 13

2.1   Begriffsdefinitionen 13
2.2   Kategorisierungen und Abgrenzungsversuche 15

3   Kamerun.. 27

3.1   Geografie, Klima, Bevölkerung und Sprachen 27
3.2   Wirtschaft 30
3.3   Geschichte und Politik 32
3.4   Duala 35

4   Ursachen des Straßenkinderphänomens 39

4.1   Vorläufige Ergebnisse 40
4.2   Zwischenfazit 45
4.3   Betrachtungsansätze 47
4.4   Implikationen 51
4.5   Der Weg auf die Straße 52

5   Methodik 55

5.2   Untersuchungsmethodik 57
5.3   Durchführung und Auswertung 60

5.3   Durchführung und Auswertung 60

6   Ergebnisse 61
6.1   Beschreibung der Stichprobe 61
6.2   Was ist die Vorgeschichte der Informanten? 63
6.3   Warum haben die Informanten die Familie, bzw. ihre
        Fürsorgepersonen, verlassen? 69
6.4   Wie war die Ankunft auf der Straße? 74
6.5   Welche Erfahrungen bestehen mit Drogen und kriminellen
        Praktiken? 78
6.6   Warum sind die Informanten nicht mehr in ihre Familie,
        bzw. zu ihren Fürsorgepersonen, zurückgekehrt? 79
6.7   Was war die Motivation zu STN zu gehen, bzw. sich eine
        Wohnung zu suchen? 81

7   Straßenkinder in Kamerun 83
7.1   Ein historischer Exkurs: Straßenkinder in Afrika 83
7.2   Die heutige Situation der Straßenkinder in Kamerun 87
        7.2.1   Anzahl, Herkunft, Geschlecht 87
        7.2.2   Aufenthaltsorte, Einkommensquellen 90
        7.2.3   Kriminalität 92
        7.2.4   Alltagsleben 94
        7.2.5   Maßnahmen der Regierung 101

8   Diskussion 103
8.1   Zusammenfassende Diskussion der
        Untersuchungsergebnisse 103
8.2   Empfehlungen 111

9   Literaturverzeichnis 115

1 Einleitung

Das Vorhandensein von Straßenkindern in heutigen Großstädten der Welt ist keine neue Erscheinung. Spätestens seit Mitte des 19. Jahrhunderts gehörten Straßenkinder zum alltäglichen Bild der europäischen Metropolen. Im Laufe des 20. Jahrhunderts jedoch, entwickelte sich dieses soziale Phänomen zunehmend zu einem spezifischen Problem der Entwicklungsländer und verschwand fast vollends aus unseren Breiten.

Im Januar 2008 kam ich in Duala, Kamerun, zum ersten Mal persönlich in engeren Kontakt mit Straßenkindern. Zu diesem Zeitpunkt führte in ein Buchprojekt bei der kamerunischen NGO «La Chaîne des Foyers Saint Nicodème» (STN) durch, welche sich um die familiäre Reintegration von Straßenkindern bemüht.

Ohne dass ich dies direkt verlangt hatte, schrieben viele der Teilnehmer über ihr Leben auf der Straße, oder wie sie dahin gelangt waren. Besonders erstaunlich an diesen Geschichten war die Offenheit und Reflektiertheit, mit der einige der Jungen ihren Weg selbstkritisch nachzeichneten, sich selbst in ihren Schilderungen nicht schonten und die Verantwortung für ihr Straßenleben auch bei sich selber suchten.

Nach meiner Rückkehr setzte ich mich nun mit der wissenschaftlichen Literatur zu dem Thema Straßenkinder auseinander, um die Schilderungen der Kinder besser einordnen zu können und mögliche Zusammenhänge oder Widersprüche mit den etablierten Annahmen der Straßenkinderforschung abzugleichen, da es sich bislang, zuerst einmal nur, um das Resultat einer pädagogischen Maßnahme, ohne jeden wissenschaftlichen Anspruch, handelte.

Ganz allgemein fiel bei der Recherche zunächst einmal auf, dass die deutschsprachige Literatur zu diesem Thema geografisch v.a. auf Deutschland und Lateinamerika begrenzt ist. Ähnlich sieht es allerdings

auch mit anglophoner und frankophoner Fachliteratur aus, welche sich
ebenfalls auf Lateinamerika konzentrieren (Lalor, 1999, S. 759). Erst Ende
der 1980er erschienen die ersten Studien über das Phänomen in Afrika,
hauptsächlich auf das südliche Afrika konzentriert (s. Bourdillon, 1994, S.
516), seit Mitte der 1990er gibt es jedoch auch vermehrt einzelne Fallstudien zu anderen Ländern des Kontinents. Im Vergleich zu Südamerika
steht das Straßenkinderphänomen in Afrika damit jedoch insgesamt noch
relativ unerforscht da. Dies gilt besonders für den deutschen Sprach-
raum.

Zum anderen ließ sich feststellen, dass sich die meisten Studien über
das Thema auf eine Darstellung und Beschreibung des Phänomens und
einzelner Teilaspekte des Straßenlebens beschränken und die Ursachen
des Phänomens – wenn überhaupt – relativ kurz und knapp, anhand
sozioökonomischer Daten, abgefertigt werden. Es ist demnach bis heute,
trotz des Alters des Phänomens, überraschend wenig über die Dynamiken bekannt, welche zu dessen Entstehen beitragen. Stattdessen, wie
später gezeigt wird, scheint es tendenziell allgemeinhin vorausgesetzt zu
werden, dass primär widrige Umstände, in der sozialen Umwelt der
Kinder, für deren Straßenexistenz verantwortlich seien. Die Diskrepanz
in diesem Punkt, im Vergleich zu den Geschichten des Buchprojektes,
weckte nun mein besonderes Interesse.

Die Gründe für diese doch recht voreingenommene Perspektive –
der Straßenkinder als Opfer der Umstände – sind zahlreich und wären an
sich eine Studie wert, weswegen sie, im Rahmen dieser Untersuchung,
hier nicht detaillierter diskutiert werden können. Auf eine Sache jedoch,
die in diesem Zusammenhang von größter Bedeutung ist, möchte ich
dennoch kurz eingehen, da sie bislang noch nie irgendwo erwähnt wurde. Das Bild, das die westliche Vorstellungen über Straßenkinder, wenn
auch vielleicht nur unterbewusst, indirekt und implizit, bis heute geprägt
hat, stammt zweifelsohne von dem berühmtesten, obwohl fiktiven, aller
Straßenjungen ab: Oliver Twist, ein Charakter, der von Charles Dickens
erfunden wurde und dessen Geschichte im gleichnamigen Werk als Fort-
setzungsroman zwischen 1837 und 1839 im "Bentley's Miscellany" veröf-

fentlicht wurde[1]. Grob zusammengefasst und stark persifliert, finden wir
die Charakterisierung seiner Kindheit in derjenigen – der zweifellos an
Oliver Twist orientierten, ebenfalls literarischen Figur – des Ned Rise,
aus der Feder des amerikanischen Autors T. C. Boyle, der die Kindheit
seines Protagonisten folgendermaßen schildert:

> „(...) ungewaschen, ungeschult, ungeliebt, geschlagen, mißbraucht, gequält, ausge-
> schlossen, ausgehungert, verstümmelt und verwaist, ein Opfer von Armut, Unwis-
> senheit, Pech, Klassenvorurteilen, Chancenlosigkeit, feindseligem Schicksal und Gin.
> Seine Kindheit war derartig verwahrlost, daß selbst ein Zola bei der Vorstellung er-
> schauert wäre." (Boyle,T. C., 1996, S. 52 f.)

Dieses Bild des armen Straßenjungen – nennen wir es "Oliver-Twist-Bild"
– hat sich, betrachtet man den Großteil der Untersuchungen über Straßenkinder, bis heute nicht großartig verändert und so, wie in der Zeit des
europäischen Pauperismus, wird heutzutage die ökonomische Armut in
Entwicklungsländern oft unhinterfragt als Hauptgrund für das Phänomen der Straßenkinder in Kauf genommen. Diese Armutssituation der
Länder, in denen Straßenkinder heutzutage klassischerweise auftreten,
hat somit dazu geführt, dass dieser wichtige Punkt in der Straßenkinderforschung bislang regelrecht übersehen wurde.

Schwerpunkt dieser Arbeit ist es daher, dieses Versäumnis nachzu-
holen und das Phänomen noch einmal ganz von vorne zu betrachten, um
zu überprüfen, ob dieses Bild überhaupt gerechtfertigt ist, oder eher unseren westlichen Vorstellungen entspringt. Das Wissen darüber ist aber
kein reiner Selbstzweck, sondern kann auch Hinweise darauf liefern, was
mögliche pädagogische Reintegrationsprojekte in ihren Konzeptionen
beachten sollten. Denn nur bei genauer Kenntnis des Phänomens, wozu
zweifelsohne auch seine Ursprünge zu zählen sind, ermöglicht zielge-
naue pädagogische Maßnahmen.

Diese Betrachtung nun, findet exemplarisch am Beispiel Dualas statt,
wo ich dieser Frage nachgegangen war und dafür weitestgehend qualitative Erhebungsmethoden verwendete. Es ist daher klar, dass die Ergebnisse daher nur in einem gewissen Rahmen Gültigkeit besitzen und nicht

---

[1] Wer dies bezweifelt, rufe sich noch einmal die mediale Repräsentation des
Straßenkinderphänomens ins Gedächtnis und vergleiche erneut.

universell übertragbar sind, was, wie gezeigt wird, jedoch für sämtliche Forschung in Bezug auf Straßenkinder gilt.

Das zweite Anliegen dieses Buches ist es zudem, das Leben der Straßenkinder Dualas zu beschreiben. Zum einen, da dies die Ursachensuche gewissermaßen komplementiert, zum anderen aber auch, um den rar gesäten Studien über das Straßenkinderphänomen in Afrika eine weitere hinzu zu fügen und die, bei der Recherche, erhaltenen Informationen mit der Fachwelt teilen zu können.

Diese beiden Hauptanliegen des Buches werden nun in den folgenden Kapiteln behandelt und bilden somit den inhaltlichen Leitfaden dieser Arbeit. Dabei wird die Thematik der Ursachen des Phänomens, entsprechend einer Grundlagenstudie, explorativ am Beispiel Dualas betrachtet, was den Vorteil hat, dass der Leser sich zusammen mit dem Autor dem Thema annähert und gleichsam ein Gefühl davon vermittelt bekommt, mit wie viel Ungewissheiten dieses Forschungsfeld tatsächlich noch behaftet ist bzw. wie viel es noch zu untersuchen gäbe. Die Beschreibung der Lebensumstände der Straßenkinder Dualas, findet im Anschluss daran statt und wird deskriptiver Natur sein, da hier bereits einige Vergleichsstudien vorlagen. Zuletzt werden dann die Ergebnisse zusammenfassend diskutiert und daraus folgende Implikationen für sozialpädagogische Arbeit mit Straßenkindern werden aufgezeigt.

Die Arbeit gliedert sich somit letztendlich in folgende Kapitel: Zuerst werden Definitionen und theoretische Annäherungen an das Phänomen der Straßenkinder präsentiert (Kap. 2). Im Anschluss daran werden Kamerun und Duala, als geografischer und sozioökonomischer Rahmen der Untersuchung, vorgestellt, um das Phänomen im Zusammenhang mit der es umgebenden Lebenswelt besser Veranschaulichen zu können (Kap. 3). Daraufhin wird dann der Forschungsstand zu den Ursachen des Straßenkinderphänomens vorgestellt und bewertet (Kap. 4), woraufhin die Methodik und die Untersuchung in Duala (Kap. 5) und vor allem ihre Ergebnisse (Kap. 6) geschildert werden. Im Anschluss daran, wird dann das Straßenleben Dualas geschildert (Kap. 7), bevor die verschiedenen Erkenntnisse abschließend diskutiert werden (Kap. 8).

2 Straßenkinder

Zuerst wird in diesem Kapitel nun die Begriffsgeschichte des Ausdrucks „Straßenkind" mit einführenden Definitionen vorgestellt. Im Anschluss daran werden detailliertere Konzepte und Kategorisierungen des Phänomens betrachtet und in der Zusammenfassung diskutiert, inwiefern diese für die hier stattfindende Untersuchung von Nutzen sind.

2.1 Begriffsdefinitionen

Ganz allgemein wird unter dem Begriff „Straßenkind" ein Kind verstanden, das in einer großen Stadt auf der Straße lebt. Der Begriff wird selten im Singular verwendet, was auf die Tatsache hinweist, dass man eben solche Kinder nicht oft alleine antrifft, sondern fast immer in Gruppen. So definiert z.B. der Duden den Begriff „Straßenkind" folgendermaßen:

> „<meist Pl.> (bes. in der 3. Welt) auf den Straßen einer Großstadt lebendes Kind, das kein Zuhause hat u. sich von Betteln, Diebstählen, kleinere Dienstleistungen u.Ä. ernährt" (Duden, 2011)

Zum ersten Mal taucht der Begriff "street children" 1851 in dem Buch "London labour and the London poor" des englischen Sozialforschers Henry Mayhew auf (vgl. Williams, 1993, S. 832) und wurde 1951 von der "United Nations Educational, Scientific and Cultural Organization" (UNESCO) wiederverwendet, um obdachlose Kinder in Folge des zweiten Weltkriegs zu bezeichnen. Wirklich durchgesetzt hat sich der Begriff „Straßenkind" erst durch das von den "United Nations" (UN) ausgerufene "Year of the Child" 1979, welches besonders auf das Phänomen der Straßenkinder aufmerksam machte und versuchte einen wertfreien Be-

griff für auf der Straße lebende/arbeitende Kinder zu schaffen. Infolge-
dessen erhielten Straßenkinder seit den 1980er Jahren vermehrt internationale Aufmerksamkeit, internationale Organisationen übernahmen diesen Begriff, übersetzten ihn in verschiedene Sprachen und bemühten sich
um eine wissenschaftliche Erfassung des Phänomens (Panter-Brick, 2001,
S. 15154). Das von dem «Bureau international catholique de l'Enfance»
(BICE) angestoßene Kooperationsprojekt "Inter-NGO Program for Street
Children and Street Youth" (Inter-NGO) formulierte 1983 folgende, viel
zitierte Definition, die, nach Williams (1993), die bislang am meisten
verbreitetste und akzeptierteste ist:

> "A street child is any boy or girl who has not reached adulthood for whom the
> street (in the widest sense of the word, including unoccupied dwellings, wasteland,
> etc.) has become her of [sic] his habitual abode and/ or sources of livelihood and who
> is inadequately protected, supervised or directed by responsible adults." (Inter-NGO,
> 1983, S.2; zitiert nach Williams, 1993, S.832)

Ähnlich umfassend ist eine wenig zitierte Version der Deutschen Bundesregierung, die von Dias (1996) besonders hervorgehoben wird:

> „Der Begriff "Straßenkind" beschreibt diffuse und komplexe Situationen: Kinder,
> die ausschließlich auf der Straße leben und keine familiären Bindungen mehr haben,
> aber auch Kinder, die nur noch gelegentlich die Schule besuchen, Beiträge zum Le-
> bensunterhalt ihrer Familien mit Gelegenheitsarbeiten auf der Straße suchen, aber
> noch überwiegend "zu Hause" schlafen." (Deutscher Bundesregierung, 1993, S.2; zi-
> tiert in Dias, 1996, S. 31 f.)

Diese Definitionen helfen, so zutreffend sie auch im Alltagsgebrauch sein
mögen, im wissenschaftlichen Kontext nur bedingt weiter, da sich die
Realitäten des Phänomens weitaus komplexer darstellen als die, für ein
Wörterbuch notwendigerweise simplifizierende, Definition von Duden
weismachen will und gleichzeitig weniger schwammig sein müssen, als
die Definition der Inter-NGO und der Bundesregierung. Ein Zeichen
dieser Verlegenheit ist die Tatsache, dass es keine wirklichen Zahlen zu
Straßenkindern gibt, bzw. Schätzungen sehr weit auseinander gehen. So
geht UNICEF (United Nations International Children's Emergency Fund)
von „mehreren Zehn-Millionen" (UNICEF, 2005, S. 50) bis zu 100 Millionen (UNICEF, 2002, S. 37) Straßenkindern weltweit aus, oder beispielsweise lagen die Schätzungen der Bundesrepublik Deutschland, über die

Anzahl der Straßenkinder in Brasilien 1993, zwischen einer Millionen bis acht Millionen, während die UNICEF ein Jahr davor die Zahlen auf acht bis dreißig Millionen schätzte (siehe Dias, 1996, S. 29) und Panter Brick (2001, S. 15155) eine Studie von Hecht (1998) zitiert, die die Zahl von 39 000 nennt.

2.2 Kategorisierungen und Abgrenzungsversuche

Um das Phänomen von Kindern auf der Straße angemessen beschreiben zu können, müssen genauere Kategorien erschaffen werden. So muss man zuerst Kinder, die nur auf der Straße arbeiten, definitiv von solchen unterscheiden, die dort wirklich leben. Auch stellt sich die Frage, ob „Kinder" wirklich der richtige Ausdruck ist, da besonders in Afrika, viele der Straßenkinder eher Jugendliche oder junge Erwachsene sind[2]. Angesichts der Heterogenität dieses Phänomens in Bezug auf historische und sozioökonomische Umstände muss man sich aber von dem Gedanken verabschieden, eine detaillierte, allumfassende Kategorisierung von Kindern auf der Straße aufstellen zu können und sich jeweils „regionalere" Kategorien erarbeiten. Mit regionalen Kategorien meine ich solche, die in verschiedensten Fallstudien aufgestellt werden, um eine weitere Klassifizierung der Straßenkinder zu ermöglichen, die aber per se erst einmal nur in einem gewissen Rahmen gültig sind und sich nicht universell auf das Straßenkinderphänomen übertragen lassen, da die Situation bzw. die Ergebnisse der jeweiligen Untersuchungen gewissermaßen einzigartig sind und sich nur in einer bestimmten Region finden lassen. Auch Roggenbuck (1993, S. 39 ff.) verweist auf das Problem, sich „vorgefaßter Theorien" zu bedienen, denn ein zu festes Theoriegerüst mag zu Anpassun-

---

[2] So waren beispielsweise bei Bourdillon (1994, S. 519) 60% der Straßenkinder in Harare (Simbabwe) zwischen 15 und 18 Jahren alt, ebenso waren bei der Untersuchung von Plummer et al. (2007, S. 1524) über Straßenkinder in Khartum (Sudan) immerhin 39% in dieser Alterskategorie zu finden; auch Morakinyo & Ojejide (2003, S. 111) ermittelten in Ibadan (Nigeria) ein Durchschnittsalter von 14,6 Jahren und Aderinto (2000, S. 1204) fand in SW-Nigeria mehr als 70% aller Straßenkinder in dieser Altersklasse. Dabei wurde bei diesen Studien ein Alterslimit von 18 gesetzt, um überhaupt statistisch noch als Straßenkind zu zählen.

gen an eben dieses verleiten, was zu simplifizierenden und einengenden Beschreibungen führen kann. Region kann dabei auch sehr weit gefasst werden, z.b. „östliches Afrika" oder „islamischer Kulturkreis", kann sich aber auch auf eine Stadt beschränken. Beispielsweise finden wir im Senegal das, nur in islamisch geprägten Landstrichen Westafrikas bestehende, Phänomen der «talibés mendiants», auf der Straße bettelnder Koranschüler, die aufgrund einer islamischen Betteltradition von ihren Lehrern auf die Straße geschickt werden (Wiegelmann & Naumann, 1997, S. 273), oder in Madagaskar den Sonderfall von Straßenkindern, die zwar volle familiäre Integration genießen, aber durch die Obdachlosigkeit der Eltern logischerweise ebenso auf der Straße leben (Morelle, 2007, S. 21). Dies heißt nicht, dass sich das Leben auf der Straße überall vollkommen unterschiedlich gestaltet, die Gründe für das Straßendasein und die spezifischen Überlebenstechniken jedoch können sehr stark variieren, so dass man sich mit gegebener Vorsicht an Kategorisierungen heranwagen sollte und nicht a priori die aus anderen Regionen übernehmen sollte, sofern sie sich nicht schon in anderen Studien für den jeweiligen Forschungsgegenstand als geeignet erwiesen haben.

Auch UNICEF stellte 1986 für Entwicklungsländer drei Kategorien von Straßenkindern auf (s. Williams, 1993, S. 832). Die erste Gruppe der "candidates for the street" bezeichnet Kinder, die auf der Straße arbeiten, aber mit ihren Familien leben. Die zweite Gruppe der "children on the street" sind diejenigen Kinder auf der Straße mit ungenügender bzw. nur sporadischer familiärer Fürsorge. Drittens sind schließlich die "children of the street", diejenigen, die gänzlich ohne Unterstützung der Familie leben.

Bis heute hat sich im internationalen Fachdiskurs betreffend die Entwicklungsländer diese UNICEF-Einteilung mit leichter Bedeutungsänderung als Zweiteilung "children of the street" und "children on the street" bzw. «enfants de la rue» und «enfants dans la rue» etabliert (siehe u.a. Adick 1997, S. 11; Dias, 1996, S. 28; Kaime-Atterhög & Ahlberg, 2008, S. 1345; Koller & Hutz, 2002, S. 1558; Panter-Brick, 2001, S. 15155; Pirot, 2004, S. 17; Plummer et al., 2007, S. 1521; Williams, 1993, S. 832). Ersterer Ausdruck bezeichnet ein Kind, das keinen Kontakt mehr mit seiner Familie hat, da es dorthin nicht mehr zurückkehren will oder kann und daher sein Leben komplett auf die Straße verlegt hat. Im Gegensatz dazu ist die zweite Gruppe noch in, oft regelmäßigem, Kontakt mit ihren Familien, häufig schlafen sie auch zu Hause und gehen noch in die Schule. Sie verbringen den Großteil ihrer Zeit auf der Straße, um dort zu arbeiten und unterstützen auf diese Art und Weise ihre Familien. Dieser Gründe wegen werden sie auch oft als "working children" bezeichnet (vgl. Koller & Hutz, 2001, S. 15159; Pirot, 2004, S.17; Plummer et al., 2007, S. 1521)[3]. Auch entschieden sich 1985 die Teilnehmer des Forums über Straßenkinder südlich der Sahara, in Grand-Bassam (Elfenbeinküste), welches durch das «Bureau international catholique de l'Enfance» (BICE) und UNICEF als erste internationale Konferenz betreffend des Themas Straßenkinder in Afrika abgehalten wurde, diese duale Terminologie für ihre Arbeit zu übernehmen. Eine dritte Kategorie, welche aber selten benutzt wird, ist die Gruppe der «enfants en situation transistoire», welche nur unregelmäßig bei ihrer Familie schlafen und sich auch längere Zeit von zu Hause fernhalten, ohne jedoch den Kontakt vollkommen abbrechen zu lassen (siehe Pirot, 2004, S. 17). Natürlich sind bei diesen Definitionen die Grenzen nicht immer deutlich und auch die jeweils attribuierten Eigenschaften nicht als absolut anzusehen, sondern dienen eher als Richtschnur.

Einige Autoren argumentieren daher gegen eine solche Einteilung, da die Einordnung der Kinder aufgrund fließender Grenzen zwischen den beiden Gruppen in der Praxis schwer zu treffen ist (vgl. Panter-Brick, 2001, S.15155; Dias, 1996, S. 29) und es daher schwierig bis unmöglich, wenn nicht gar irreführend sei, Kinder auf der Straße einer bestimmten Kategorie zuzuordnen. Ein interessanter Vorschlag stammt in diesem Zusammenhang von Koller & Hutz (2001, S. 15158), die vorschlagen, Straßenkinder stattdessen nach Risikofaktoren, welchen diese ausgesetzt sind (z.B. Drogen, Kontakt mit Jugendgangs, Schulaussteiger, etc.) und Schutzfaktoren (Familie, soziale Unterstützung, Schule, etc.) zu kategorisieren, was aber bisher in keiner, der in dieser Arbeit verwendeten, Untersuchungen stattgefunden hat. Die meisten Autoren halten sich aber

---

[3] Erstere verwenden hier statt "children on the street" den Begriff "children in the street", womit aber dasselbe gemeint ist.

trotz der genannten Schwächen an dieses duale „of the street/ on the street-Konzept", da, wie oben beschrieben, weniger vage Kategorien zur Analyse des Phänomens benötigt werden und dieses zumindest eine grobe Annäherung erlaubt, die dann je nach vorgefundenen Tatsachen verfeinert werden kann, was ich oben als regionale Kategorisierung beschrieb. Williams (1993) fasst das Dilemma, sich dieses Konzepts trotz der offensichtlichen Schwächen zu bedienen, gut zusammen:

> "Certainly, the assumptions that children on the streets are all unsupported or have lost contact with family and home are inaccurate. (...) The other view is, that however crude, terminology as "street child" is a necessary starting point for positive responses – unclassified can mean unrecognized." (Williams, 1993, S. 833)

Weitere Ansätze einer allgemeingültigen Klassifikation von Straßenkindern orientieren sich an der Straße als Sozialisationsumfeld bzw. deren Nutzung.

So empfiehlt Glauser (1990; dargestellt in Adick, 1997, S.12) ein Dreiecksmodell, mit der Straße als gesellschaftlich akzeptiertes Sozialisationsumfeld an der breiten Basis des Dreiecks und an der Spitze die Straße als abweichend empfundenes, nicht akzeptiertes Sozialisationsumfeld. Innerhalb des Dreieck verläuft eine horizontale Linie, die die Straßenkinder von denen trennt, die zwar die Straße benutzen, deren Aufenthalt auf der Straße aber nicht als abweichend angesehen wird und die damit im engeren Sinne auch keine Straßenkinder sind. Der Vorteil dieses Modells liegt Adick (1997, ebenda) zufolge in dessen Dynamik, so werden Kinder auf der Straße nicht fest einer Gruppe zugeordnet, sondern können zu verschiedenen Zeitpunkten, je nach Ansetzen der Linie des gesellschaftlich tolerierten Verhaltens, diesseits wie jenseits der Linie landen, womit v.a. auch der historischen-kulturellen Perspektive Rechnung getragen werde. Somit kann anhand dieses Modells z.B. deutlich gemacht werden, dass die Straße als Ort der Aktivitäten nicht per se negativ zu bewerten ist, sondern in vielen Kulturen zum Alltag gehört, wie z.B. Wondimu (1997) über Äthiopien schreibt:

> "It should be noted as indicated earlier, that "streetism" in general is no completely immoral, illegal and unacceptable phenomena (...).Perhaps, the anti-social behaviours

are unacceptable rather than the social and economic activities of the children in the streets." (Wondimu, 1997, S. 295)

Williams (1993, S. 833 ff.) schlägt ebenfalls eine Kategorisierung entlang der Straße vor, und zwar anhand einer Hierarchie der Straßennutzung, von minimalem Gebrauch bis hin zu vollständiger Abhängigkeit. Dabei unterscheidet er vier, sich überlappende, Ebenen und zeigt unter anderem, dass der Aufenthalt auf der Straße durchaus konstruktive Formen annehmen kann, so z. B. um zeitweise unerträglichem Druck zu Hause auszuweichen, oder die Familie finanziell zu unterstützen.

Dieser Ansatz ist also besonders dadurch von Bedeutung, dass er die Nutzung der Straße als Kriterium anlegt und damit eine Möglichkeit anbietet, Sonderfälle akkurater zu beschreiben, als dies bei einer dualen Einteilung möglich ist, bzw. diese sonst alle unter die recht diffuse Kategorie der «enfants en situation transistore» fallen müssten.

Ein weiterer Punkt , der möglicherweise ein gutes Kriterium der Unterscheidung von "children of the street" zu "children on the street" bietet, welcher allerdings nur bei Plummer et al. (2007) explizit als solcher genannt wird und daher auch noch weiter untersucht werden muss, ist der Konsum von psychoaktiven Substanzen. Praktisch in allen Studien zum Alltag von Straßenkindern trifft man auf dieses Phänomen. Zwar sind sich die Experten einig, dass der Missbrauch von harten Drogen in Bezug auf Straßenkinder kein Problem darstellt, der Gebrauch von anderen Substanzen (v.a. Klebstoff, Marihuana, Lösungsmittel und Alkohol) aber zum Alltag gehört (siehe u.a. Bourdillon, 1994, S. 523; Kudrati et al., 2008, S. 444 ff.; Morakinyo & Odejide, 2003, S. 109 ff.). Das Entscheidende daran ist, hinsichtlich der Einteilung der Straßenkinder, die Entdeckung von Plummer et al. (2007, S. 1520 ff., 1524 f.), dass von den tatsächlichen Straßenkindern Khartums (Sudan) 70% Klebstoff konsumieren, während 90% der arbeitenden Kindern dies noch niemals getan hatten und der Beginn des Klebstoffkonsums sogar oft in die Transitionsphase vom arbeitenden Kind zum wirklichen Straßenkind fiel (ebenda, S. 1534), u.a. da sie durch andere Straßenkinder in diese Technik eingeführt wurden (Kudrati et al., 2008, S. 445). Einige der auf der Straße arbeitenden Kinder gaben sogar an, sich von den klebstoffkonsumierenden Straßenkindern, aus Angst vor schlechtem Einfluss, fern zu halten. Sie setzten also selbst den Konsum von Klebstoff als abgrenzendes Element zwischen arbeitenden Kindern und tatsächlichen Straßenkindern (Plummer et al., 2007, S. 1532).

Somit erscheint regelmäßiger Gebrauch von psychoaktiven Substanzen seitens von Kindern auf der Straße ein ziemlich sicherer Indikator dafür zu sein, dass es sich bei diesen um "children of the street" handelt. Da diese Studie sich nur auf Khartum beschränkte, muss man mit einer Generalisierung entsprechend vorsichtig sein, viel spricht aber dafür, dass sich dieses Ergebnis auch an anderen Orten reproduzieren lässt. So stellt der gemeinsame Drogenkonsum oft eine Stütze des sozialen Zusammenhaltes der Straßenkinder dar und der Zwang zum Konsum von psychoaktiven Substanzen ist gewissermaßen als Initiationsritual in die Gruppe anzusehen (Siehe u.a. Bourdillon, 1994, S. 518; Conto de Knoll, 1991, S. 147 ff.; Kaime-Atterhög & Ahlberg, 2008, S. 1353; Morelle, 2007, S. 122). Ebenso konstatierten Morakinyo & Odejide (2003, S. 115) in einer Untersuchung über Ibadan (Nigeria), dass die Dauer des Aufenthaltes auf der Straße einen guten Indikator für möglichen Substanzmissbrauch darstellte, denn je länger ein Kind auf der Straße lebte, desto höher war die Wahrscheinlichkeit eines regelmäßigen Konsums. Palazzolo et al. (2008) bilanzieren daher das Phänomen des Konsums psychoaktiver Substanzen bei Straßenkindern folgendermaßen und stellen auch den Unterschied zu Industrieländern heraus:

> «La consommation de drogue (en particulier de solvants inhalés) est directement en relation avec la sub-culture de la rue. (...) La drogue devient rapidement un des aspects de la vie en rue, voire même fait partie intégrante de celle-ci. Elle procure un statut aux enfants au sein de leur communauté. Contrairement au toxicomane de pays développés pour qui la consommation abusive de drogue est généralement la cause de sa présence dans la rue, pour les enfants des rues elle en est, le plus souvent, la conséquence.» (Palazzolo et al., 2008, S. 70)

Ein speziell auf Afrika zugeschnittener Kategorisierungsansatz, stammt von der internationalen NGO "Environmental and Developmental Action" (ENDA) (Terenzio, 1995; dargestellt in Adick, 1997, S. 13). Demnach sind ein Teil der Kinder und Jugendlichen auf der Straße einfach solche, die dort aufgrund von äußeren Umständen wie hoher Arbeitslosigkeit,

Armut, mangelnder Bildungschancen etc. relativ perspektivenlos ihre Zeit vertreiben, genannt die «enfants désœuvrés». Ein Teil dieser Gruppe verdient sich durch Gelegenheitsarbeiten und kleinere Jobs ein kleines Einkommen und daher werden diese Kinder als «enfants travailleurs» bezeichnet, wozu auch die Gruppe von bettelnden Kindern gezählt wird. Die problematischste Gruppe ist diejenige, bestehend aus Kindern/ Jugendlichen, die vollkommen mit ihrem primären sozialen Umfeld gebrochen haben und ihr Leben vollends auf die Straße verlegt haben. Diese letzte Gruppe wird als «enfants en rupture» benannt.

Eine weitere Einteilung, die direkt auf Afrika südlich der Sahara Bezug nimmt, stammt von Yves Marguerat (1999; zitiert in Pirot, 2004, S. 74 f.), wobei diese bereits sehr speziell ist, da sie direkt Gründe für den Aufenthalt auf der Straße mit einarbeitet und daher auch ein schönes Beispiel zu den von mir als regionalen Kategorien bezeichneten Einteilungen darstellt. Die möglichen Ursachen des Straßenkinder-Phänomens werden später genauer betrachtet, aber ich erwähne diese Kategorisierung bereits hier, da sie wertvolle Betrachtungsansätze für die Kategorisierung von Straßenkindern in Afrika und daher für den weiteren Verlauf dieser Arbeit bietet. Marguerat (1999) unterscheidet sechs Typen von Straßenkindern, davon sind jeweils drei ländlicher Herkunft und drei urbanen Ursprungs. Ein wichtiger Punkt hierbei ist bereits der Hinweis, dass Straßenkinder zwar ein städtisches Problem sind, welches aber seine Wurzeln genauso auf dem Land haben kann. Kopoka (2000) schreibt dazu:

> "There are those who argue that the emergence of street children is bound up with the totality of urban problems (...): there are no "rural street children." While it is true that street children are usually found in urban areas, many of these street children have rural origins." (Kopoka, 2000, S. 7)

Zu den ländlichen Typen gehört erstens der «pupille négligé», dabei handelt es sich um Kinder, die wegen der Möglichkeit des Schulbesuches zu Verwandten oder Bekannten in die Stadt geschickt werden, die sich aber nicht um das Kind kümmern, bzw. nicht in der Lage dazu sind und dem Kind so viele Steine wie möglich in den Weg legen, um es wieder loszuwerden. Die zweite Gruppe der Straßenkinder ländlichen Ursprungs sind die «migrants inadaptés». Dies sind Kinder, die sich aufgrund knapper Ressourcen alleine auf den Weg in die Stadt machen, dort aber an Unkenntnis des Milieus oder gar der Verkehrssprache und mangelnden Kontakten auf der Straße stranden. Der letzte der ländlichen Typen ist der «rural fugeur», der sich mit seiner Familie überworfen hat und daher, in der Regel, auch nicht die Absicht hegt zurückzukehren. Bei ihm ist das Risiko des Abrutschens in kriminelle Tätigkeiten besonders hoch.

Der erste städtische Typus ist der des «jeune citadin désœuvré», der aufgrund von Geldmangel oder persönlichem Scheitern die Schule verlassen musste, aber noch zu jung ist, eine richtige Arbeit aufzunehmen und sich in den Straßen treiben lässt und damit ein potentieller Kandidat ist, sich Straßenkindern anzuschließen. Die zweite Kategorie des urbanen Typus ist die des «enfant abandonné», also ein vernachlässigtes Kind, welches aufgrund familiärer Probleme auf die Straße entflieht. Dies ist besonders der Fall bei sich auflösenden Familienstrukturen im städtischen Großraum, denn oft findet das Kind auch bei einer Neujustierung der Familie nicht mehr seinen Platz. Der letzte Typus schließlich ist der des «fils de personne», ein Kind, das bereits außerhalb jeglicher familienähnlicher Verhältnisse geboren und dann sich selbst überlassen wurde.

Wie bereits gesagt, sollte man in unbekanntem Terrain sehr vorsichtig mit bereits existierenden regionalen Kategorisierungen sein, da sich diese schwerlich deckungsgleich übertragen lassen und nicht a priori ihre Gültigkeit voraussetzen. Sie können aber, im Falle eigener Forschung, während der Vorbereitungsphase, wichtige thematische Ansatzpunkte liefern und im Nachhinein zum Vergleich sehr hilfreich sein, so dass es sich dennoch immer lohnt, sich mit bereits bestehenden Kategorisierungen auseinanderzusetzen.

Ein weiterer, wichtiger Punkt ist es außerdem, hier noch einmal auf das zweite Nomen des Nominalkompositums „Straßenkinder" genauer einzugehen, da, wie bereits oben erwähnt, viele der sogenannten Straßenkinder in Afrika eher Jugendliche und junge Erwachsene sind[4], die

---

[4] Dies ist in Lateinamerika oft anders, so stellte z.B. Roggenbuck (1993) in Sao Paulo (Brasilien) fest, das 80% der Straßenkinder hier zwischen 8 und 14 Jahren alt waren, während es kaum welche gab, die älter als 15 waren; ähnlich war auch die Situation in

Definitionen und Kategorisierungen betreffend des Phänomens aber alle ausdrücklich den Begriff „Kind" ("child", «enfant») verwenden, was somit Verzerrungen der Betrachtung mit sich bringen kann und dies tatsächlich auch oft geschieht. Die meisten Studien beziehen in ihre Untersuchungen nur solche Personen bis 18 Jahren mit ein, da sie ab 18 Jahren in eigentlich allen untersuchten Ländern gesetzlich als volljährig gelten. Die oben erwähnten Studien von Aderinto (2000), Bourdillon (1994), Plummer et al. (2007) und Morakinyo & Odejide (2003) beispielsweise, stellten zwar einen großen Anteil von Straßenkindern zwischen 15-18 Jahren fest, bzw. einen hohen Altersdurchschnitt, engen aber durch eine Altersbeschränkung des Phänomens bis 18 Jahre die Betrachtung künstlich ein, da man nur aufgrund des legalen Status eines „Erwachsenen" natürlich nicht automatisch von einer anderen Lebenssituation ausgehen kann. Eine Ausnahme ist bei Olley (2006) zu finden, der gegen eine solche Limitierung zwar nicht primär damit argumentiert, dass auch ältere „Straßenkinder" vorgefunden werden, sondern hauptsächlich da, nach ihm, „Kindheit" in Afrika auch kulturell bedingt bis zu 25 Jahren definiert sein kann. Somit bezieht er aber richtigerweise auch „Erwachsene", bis zu einem Alter von 24 Jahren, mit ein und kommt so z.B. in Ibadan (Nigeria) auf einen Altersdurchschnitt von 18,4 Jahren (Olley, 2006, S. 273 ff.), wohlgemerkt also genau in der Stadt, in der Morakinyo & Ojide (2003), mit ihrer Beschränkung bis 18 Jahren, einen Altersdurchschnitt von 14,6 Jahren ermittelten.

Eine Lösung dieses Begriffsparadoxons, unter weiterer Berücksichtigung des Problems, Jugendliche und junge Erwachsene als „Kinder" zu bezeichnen, und dennoch damit nicht „Kinder" im Sinne von tatsächlichem Lebensalter zu meinen, finden wir ausführlich bei Morelle (2007, S.19 f.) dargestellt, die „Straßenkinder" wortwörtlich als „Kinder der Straße" versteht, da sie, unabhängig vom Alter, keine „Kinder einer Familie" mehr sind, die Straße also, statt der Familie, zur wichtigsten Sozialisationsinstanz der Kindheit und/ oder Jugend geworden ist. Somit kann jeder, der als gesetzlich Minderjähriger irgendwann auf die Straße ge-

Lima (Peru); in Bogota wiederum fanden sich auch Straßenkinder über 20 Jahre; siehe Roggenbuck (1993, S. 83, 133, 173).

kommen ist, unabhängig von seinem aktuellen Alter, sozusagen ein „Sohn der Straße sein"[5].

Zuletzt sei noch erwähnt, dass trotz all der Debatten, die sich um Kategorisierungen und Definitionen des Phänomens der Straßenkinder drehen, zumindest Einigkeit darüber besteht, dass von den allgemein als „Straßenkindern" bezeichneten Kindern nur eine Minderheit, tatsächlich auf der Straße lebt (siehe z.b. Adick, 1997, S.12; Bourdillon, 1994, S. 518; Lalor, 1999, S. 760; Williams, 1993, S. 833), also die Gruppe der "children of the street" darstellt, ob man sie nun so nennen will oder nicht. Zahlen variieren dabei, je nach Ort der Studie, gewöhnlicherweise zwischen 5-15% aller auf der Straße vorgefundenen Kinder. Auch besteht Einigkeit in der Feststellung, dass das Straßenkinderphänomen ein überwiegend männliches Phänomen ist[6], Studien aus Afrika stützen dieses Ergebnis[7], wobei der Mädchenanteil höchstens 30% ausmacht, meistens aber zwischen 5 und 10% liegt. Die vergleichsweise geringe Anzahl der Mädchen auf der Straße wird kulturell erklärt, demnach ziele in vielen Entwicklungsländern die Sozialisation von Mädchen sehr auf die häusliche Rolle ab und Mädchen würden wesentlich mehr in die täglichen Aufgaben der Familie eingebunden, als dies bei Jungen der Fall sei. Auch werde auf Mädchen, aus Angst vor Vergewaltigung, besser aufgepasst und gesellschaftlich sei es nicht akzeptiert, dass Mädchen alleine auf der Straße lebten (Bourdillon, 1994, S. 518; Lalor, 1999, S. 761; Veale & Dona, 2003, S. 254). Außerdem sei es für Mädchen auf der Straße wesentlich einfacher, von Verwandten aufgenommen zu werden, da sie neben der Arbeitskraft

---

[5] Es wird hier auf eine Feminisierung des Begriffs verzichtet, da, wie gleich gezeigt wird, der Großteil der Straßenkinder männlich ist.

[6] So stellte Roggenbuck (1993) in Lateinamerika fest, dass in Bogotá (Kolumbien) ca. 25% der Straßenkinder weiblich sind (S. 104), betont aber, dass dies ein neues Phänomen sei, denn in den 1960er und 70er Jahren waren weibliche Straßenkinder die große Ausnahme (S. 80). In Sao Paulo (Brasilien) wiederum sind weibliche Straßenkinder mit 35% noch häufiger vertreten, was aber keine Neuheit in Brasilien darstellt (ebenda, S. 133) während in Lima (Peru) kein einziges weibliches Straßenkind vorgefunden wurde (ebenda, S. 172).

[7] Siehe beispielsweise Aderinto, 2000, S. 1203, S. 11: 5% Mädchenanteil in Lagos und 5,1% in Ibadan (beides Nigeria); Bourdillon, 1994, S. 518: 5% Mädchenanteil in Harare (Simbabwe); Lalor, 1999, S. 761 u. Wondimu ,1997, S. 295: Beide nennen 25% Mädchenanteil der Straßenkinder in Äthiopien; weitere Studien: s. Veale & Dona (2003; S. 254).

auch einen potentiellen Wert darstellen, da bei ihrer Verheiratung in Afrika oft noch der Brautpreis[8] gezahlt wird (Pirot, 2004, S. 47). Viele Straßenmädchen gleiten beim Älterwerden auch in die Prostitution ab (Lalor, 1999, S. 764; Pirot, 2004, S. 48), schaffen aber damit paradoxerweise teilweise sogar den Ausstieg aus dem Leben auf der Straße, da sie dadurch ein relativ hohes und geregeltes Einkommen erzielen können (Bourdillon, 1994, S. 519)[9].

Da es in dieser Arbeit um auf der Straße lebende Kinder geht, werde ich diese im Fortgang dieser Arbeit, der Einfachheit halber, als Straßenkinder bezeichnen, meine also damit die "children of the street" und werde die "children on the street" als arbeitende Kinder bezeichnen. Werden beide Gruppen angesprochen, so werde ich den Ausdruck Kinder auf der Straße verwenden. Falls nötig, können bei detaillierten Fallbeschreibungen und Sonderfällen zusätzlich die anderen vorgestellten Konzepte und Kategorisierungen von z.B. Lalor (1999), Glauser (1990) oder Marguerat (1999) Verwendung finden. Des Weiteren wurde aus den oben dargestellten Gründen keine Altersgrenze setzen und auch Straßenkinder über 18 Jahre bei der Datenerhebung miteinbezogen.

---

[8] Traditionell wurde die Familie der Braut durch Zahlung von Rindern und Naturalien für den Verlust der Arbeitskraft durch den Bräutigam entschädigt, was zugleich auch zu einer größeren Verbundenheit der Familien führen sollte. Heute wird der Brautpreis auch oft bar in Landeswährung gezahlt und ist Verhandlungssache, v.a. abhängig von dem Status des Mannes und der Bildung der Frau.

[9] Ebenso stellte Roggenbuck (1993) in Bogtotá (Kolumbien) und Sao Paulo (Brasilien) fest, dass sich selbst „hauptberuflich" tätige, weibliche Kinderprostituierte von den Straßenkindern abgrenzten (S. 104 u. 133), da sie in verschiedenen „sozialen Welten" lebten.

3 Kamerun

Kamerun ist ein Land, über das man, abgesehen von Berichten über die Kamerunische Fußballnationalmannschaft, welche zu den international erfolgreichsten des afrikanischen Kontinents gehört, in den europäischen Medien kaum etwas hört[10]. Bevor wir uns also des eigentlichen Themas dieser Arbeit widmen können, erscheint es an dieser Stelle sinnvoll, zuerst auf den geografischen und sozioökonomischen Rahmen des Untersuchungsgegenstands einzugehen. Das Land Kamerun und die Stadt Duala werden daher, mit Fokus auf das ausgehende 20. Jahrhundert und den Beginn des 21. Jahrhunderts, kurz dargestellt, um so eine Idee der allgemeinen Lebensverhältnisse zu vermitteln, in deren Rahmen sich diese Untersuchung abspielt.

3.1 Geografie, Klima, Bevölkerung und Sprachen

Die Republik Kamerun liegt im Westen Zentralafrikas und ist mit 475 315 Quadratkilometern Fläche (Jua & Burnham, 2008, S. 304) ca. 1,3-mal so groß wie die Bundesrepublik Deutschland. Das grob dreieckig geformte Kamerun erstreckt sich von Süden nach Norden über verschiedenste Naturräume (tropischer Küstenstreifen, Hochland in der Mitte, Savanne im Norden, Sahelzone im äußersten Norden) und besitzt einen 400 km langen Küstenstreifen am Golf von Guinea. Entsprechend der verschiedenen Naturräume variiert auch die jährliche Niederschlagsmenge sehr

---

[10] Wirft man einen Blick auf die renommierten Internet-Nachrichtenseiten in Bezug auf Afrika, wie beispielsweise BBC, RFI oder Allafrica, findet man selbst dort Kamerun so gut wie nie in den Schlagzeilen.

stark regional, von durchschnittlich mehr als 5000 mm im Südwesten[11]
zu ca. 610 mm in Norden (Clarke et al., 2006, S. 190). Das Klima variiert
ebenso entlang den genannten Naturräumen, mit der Tendenz, dass es
nach Norden hin immer heißer wird. Es gibt, grob gesehen, zwei Jahres-
zeiten, die Regenzeit von Mai bis Oktober und die Trockenzeit von No-
vember bis April (Jua & Burnham, 2008, S. 300). Die höchste Erhebung ist
mit 4,095 Metern der Kamerunberg, ein noch aktiver Vulkan, im Südwesten des Landes der außerdem der höchste Berg in ganz West- und Zent-
ralafrika ist (Clarke et al., 2006, S. 190).

Die genaue Anzahl der Bevölkerung ist nicht bekannt, Schätzungen
bewegen sich aber zwischen 16,3 Millionen (Clarke et al., 2006, S. 190)
und 18,5 Millionen (CIA, 2009). Das Bevölkerungswachstum lag von
1990-2006 durchschnittlich bei 2,5% (UNICEF, o.A.), wobei die geografi-
sche Verteilung sehr ungleich ist, mit Konzentrationen v.a. im Süden und
Westen des Landes, sowie den größeren Städten, welche ebenfalls eher
im Süden zu finden sind. Die Bevölkerung ist dennoch größtenteils länd-
lich, nur 1/3 leben in Städten. (Clarke et al., 2006, S. 190). Die Geburtenra-
te beträgt 4,5 Kindern pro Frau, (UNICEF, o.A.), während die derzeitige
Lebenserwartung von 50 Jahren (ebenda) Rückschlüsse auf das Gesund-
heits- und Sozialsystem, sowie die allgemeinen Lebensverhältnisse erlaubt. Auch ist die Bevölkerung sehr jung, so sind 41% der Kameruner
nicht älter als 14 Jahre und das Durchschnittsalter der Bevölkerung liegt
bei 19 Jahren (CIA, 2009). Der Alphabetisierungsgrad liegt bei 68% (Clarke et al., 2006, S. 204) und die Quote des Grundschulbesuchs bei 84%
(UNICEF, o.A.).

Kamerun ist in 10 Provinzen untergliedert, die Hauptstadt des Landes ist Jaunde, welche ca. 1,5 Millionen Einwohner hat. (Clarke et al.,
2006, S.190). Darüber hinaus weist die Bevölkerung Kameruns mit 250-
300 ethnischen Gruppen eine hohe kulturelle Diversität auf (Jua & Burnham, 2008, S. 301), welche ebenfalls von einer entsprechend hohen Spra-
chenvielfalt begleitetet wird, so geht man heute von 282 gesprochenen,
indigenen Sprachen aus (Ethnologue, 2009). Die offiziellen Amtssprachen

---

[11] Nach Jua & Burnham (2008, S. 304) beträgt die durchschnittliche Niederschlagsmenge an
   der Küste 10 000 mm.

jedoch sind Französisch und Englisch, womit Kamerun im engeren Sinne das einzige Land des Kontinents ist, welches sich der beiden Sprachen der größten ehemaligen Kolonialmächte bedient[12]. Das Französische ist aber bei Weitem überwiegend mit einem Sprecheranteil von ca. 80% der Bevölkerung (Clarke et al., 2006, S. 190). Im Norden wird jedoch Fulfulde, die Sprache der Fulbe (auch Fulani oder Peul genannt) als Verkehrssprache genutzt, ebenfalls eine historische Nachwirkung muslimischer Eroberer des 19. Jahrhunderts (Jua & Burnham, 2008, S. 302 f.). Die verbreitetste Religion ist das Christentum (53%), wiederum aufgeteilt in Katholiken und eine unüberschaubare Zahl an protestantischen Freikirchen, welches besonders im Süden vorherrschend ist Der Rest der Bevölkerung gilt als muslimisch (22%) oder Anhänger indigener Religionen (25%) (ebenda, S. 304), die Anhänger dieser Glaubensrichtungen sind traditionell im Norden zu finden.

Betrachtet man also die Verteilung von Sprachen und Religionen ergibt sich eine zweidimensionale Teilung, die auch einer kulturellen und geschichtlichen Teilung entspricht und die Frage erlaubt, was das Land eigentlich verbindet (Nyamnjoh, 1999). So ist das Land von Westen nach Osten durch den Mungo-River in anglophon und frankophon unterteilt. Auf einer Nord-Süd-Achse wiederum, ist das Land in Muslime/indigene Religionen vs. Christen unterteilt, in Kamerun selbst spricht man betreffend letzter Einteilung oft von «nordistes» und «sudistes». Aufgrund der naturräumlichen, ethnischen, sprachlichen und religiösen Vielfalt, bezeichnet man das Land auch oft als „Afrika in Miniatur" (u. a. ebenda, S. 304).

---

[12] Dabei ist zu beachten, dass das Land damit offiziell bilingual ist, seine Bürger aber größtenteils nicht. Je nach Region, sprechen die Menschen normalerweise nur eine der offiziellen Sprachen: Im Westen Englisch und im Rest des Landes Französisch, ein Überbleibsel aus der bewegten Kolonialgeschichte Kameruns, auf die weiter unten eingegangen wird. Nur Mauritius, östlich von Madagaskar im Indischen Ozean und die Seychellen, nordöstlich von Madagaskar, benutzen ebenfalls Englisch und Französisch als offizielle Sprachen und werden zu Afrika gezählt (vgl. Webb & Kembo-Sure, 2000, S. 312 ff.).

30 Kamerun

3.2 Wirtschaft

Nach der Unabhängigkeit wuchs die Wirtschaft Kameruns zuerst stabil, brach jedoch im Zuge der weltweiten Ölkrise der 1980er Jahre enorm ein. Das reale BIP/Kopf sank von 1984-1994 um mehr als 60% (Jua & Burnham, 2008, S. 300) und die Bevölkerung verlegte sich mehr und mehr auf den informellen Sektor, in dem 1996 unglaubliche 85% der arbeitsfähigen Bevölkerung tätig waren (ebenda, S. 301).

Die Wirtschaft hat sich zwar seit der zweiten Hälfte der 1990er wieder von der Krise erholt, jedoch haben sich die Lebensbedingungen der Bevölkerung seitdem kaum verbessert, da bis heute 40% der Bevölkerung unterhalb der nationalen Armutsgrenze lebt, mehr als 17% der Bevölkerung müssen sogar mit weniger als dem Äquivalent eines US-Dollars täglich leben (BMZ, 2009). Besonders betroffen von Armut ist der Norden des Landes, in dem, trotz einer eigentlich guten Nahrungsmittelversorgung im Land, 40 % der Kinder chronisch unterernährt sind (IRIN, 2009).

Kamerun ist reich an natürlichen Ressourcen und besitzt heute einen starken Landwirtschaftssektor, einen einträglichen Dienstleistungssektor, sowie einen bescheidenen Industriesektor. Die Hauptexportprodukte sind Holz, Erdöl, Kaffee, Tee, Bananen, Kakao, Gummi, Baumwolle, Aluminium und Palmöl (Jua & Burnham, 2008, S. 304).

Das BIP lag 2008 schätzungsweise bei 25 Milliarden US-Dollar (CIA, 2009) und setzt sich zu 45% aus Erträgen des Landwirtschaftssektors, zu 17% aus dem Industriesektor und zu 38% aus dem Dienstleistungssektor zusammen (Jua & Burnham, 2008, S. 300). Damit könnte man von einem durchschnittlichen BIP/Kopf von ca. 2400 US-Dollar ausgehen (CIA, 2009), es gibt aber auch weit pessimistischere Schätzungen[13].

Der Gini-Koeffizient[14], in Bezug auf das Familieneinkommen, legt jedoch mit 0,446 nahe, dass das Einkommen sehr ungleich verteilt ist (CIA, 2009). Die Arbeitslosigkeit wird auf 30% geschätzt (ebenda). Das

---

[13] Bei Clarke et al. (2006, S. 196) ist das BIP/Kopf für 2004 mit 810 US-Dollar angegeben.
[14] Der Gini-Koeffizient misst Ungleichheit. Je näher die Zahl an 1 ist, desto höher ist die Ungleichverteilung (CIA, 2009); in der BRD liegt der Gini-Koeffizient in Bezug auf Familieneinkommen bei 0.27, andere Bezugsgrößen sind beispielsweise Schweden mit 0.23 oder Kolumbien mit 0,538 (CIA, 2009).

jährliche Wirtschaftswachstum lag 2007 bei 3,3 % (Weltbank, 2009), während die Auslandsverschuldung Kameruns 2008 noch ca. 3 Milliarden US-Dollar betrug (Auswärtiges Amt, 2009).

Eines der größten Probleme der Wirtschaft ist, neben der Abhängigkeit von den Exporterlösen, die in Kamerun weit verbreitete Korruption[15], so wurde das Land 1998 und 1999 von "Transparency International" (TI)[16] zum korruptesten Land der Welt erklärt (Jua & Burnham, 2008, S. 301) und steht auf dem "Global Corruption Barometer 2007 (TI, 2007, S. 21)", welches auf Umfragen unter der Bevölkerung basiert, wieder an einsamer Spitze. So gaben 79% der Befragten an, Bestechungsgelder gezahlt zu haben, so viel wie in keinem anderen Land der Welt.

Eine guter Indikator für die wirtschaftliche Gesamtsituation Kameruns stellt der seit 1990 jährlich vom "United Nations Development Program" (UNDP) im "Human Development Report" (HDR) aufgestellte "Human Development Index" (HDI)[17] dar, welcher die Entwicklung eines Landes breiter misst als das BIP und für Kamerun, im zuletzt veröffentlichen Update der HDI Liste von 2008, bei 0,514 lag, womit Kamerun auf Platz 150 von 179 Ländern liegt und sehr knapp noch zu den Ländern mit „mittlerer Entwicklung" gehört ((UNDP, 2008, S. 27).

---

[15] Charlotte Wiedemann schildert die Situation Kameruns anschaulich und ausführlich in einem mit „Das große Schmieren" betitelten Artikel in der Wochenzeitung DIE ZEIT, Nr.17, April 2008, S. 15-19; Auch ich selbst könnte aus einer Vielzahl eigener Erlebnisse von dem Problem berichten.

[16] Transparency International ist eine 1993 gegründete NGO, die sich global im Kampf gegen Korruption engagiert.

[17] Der HDI setzt sich aus folgenden Durchschnittswerten zusammen, welche in Werte zwischen 0 und 1 übertragen werden: *Lebensdauer*, welche an der aktuellen Lebenserwartung gemessen wird, *Zugang zu Bildung*, gemessen an der Alphabetisierungsrate und der Quote des Besuchs der primären, sekundären und tertiären Bildungseinrichtungen und dem *Lebensstandard*, festgemacht am BIP/ Kopf und der jeweiligen Kaufkraftparität. Länder mit einem HDI von ≥ 0,8 werden als „hochentwickelte Länder" kategorisiert, Länder zwischen <0,8 bis ≥ 0,5 als „Länder mit mittlerer Entwicklung" und Länder <0,5 als „Länder mit geringer Entwicklung" (siehe UNDP, 2008, S. 3). Deutschland steht bspw. mit einem HDI von 0,94 auf Platz 23 der aktuellen Liste (UNDP, 2008, S. 25).

3.3 Geschichte und Politik

Über die frühe Geschichte des heutigen Kamerun ist wenig bekannt, jedoch bezeugen archäologische Fundstücke aus dem Paläolithikum eine frühe Präsenz von Menschen (Mveng, 1963, S.27 ff.). Die ersten Zeugnisse der „Entdeckung" des Kamerunberges stammen von Hanno dem Seefahrer aus Karthago, der um 500 v. Chr. die Küste West- und Zentralafrikas mit einer Schiffsflotte absegelte, jedoch waren es die Portugiesen, die, in der zweiten Hälfte des 15. Jahrhunderts, zum ersten Mal das Festland an der Wourimündung, dem heutigen Duala, betraten. Der Name „Kamerun" stammt ebenso von den Portugiesen, die den Wouri, ertsmals 1500, als *Rio do Lo Cameros* auf einer Karte verzeichneten (Mveng, 1963, S. 102 ff.), was so viel wie „Krabbenfluss" bedeutet.

Handelsbeziehungen zwischen Portugiesen und den Küstenbewohnern setzten sehr früh ein. So wurde bereits 1492 ein Stützpunkt auf der Insel Fernando Po eingerichtet (Delacampagne, 2004, S. 139) und besonders Sklaven und Elfenbein entwickelten sich zu „Haupthandelsgütern" (Mveng, 1963, S. 107 ff.). Im Laufe der folgenden Jahrhunderte entstanden aber auch Handelsbeziehungen zu anderen europäischen Mächten, v.a. Holland und England, letzteres unterhielt zwischen 1827 und 1844 einen Stützpunkt auf Fernando Po, um von dort aus den Sklavenhandel im Golf von Guinea zu bekämpfen (Mveng, 1963, S. 155 ff.)[18], so dass ab Mitte des 19. Jahrhunderts Palmöl und Kautschuk die Hauptexportgüter der Küste darstellten (Soulillou, 1993, S. 291). 1858 gründete der Missionar Alfred Saker der "London Baptist Missionary Society" eine erste europäische Siedlung, die er Victoria nannte, das heutige Limbe. Zehn Jahre später, also 1868, errichtete das Hamburger Handelshaus Woermann eine erste europäische Handelsniederlassung direkt an der Mündung des Wouri, dessen Beispiel bald andere Firmen folgten und sich in Duala ansiedelten (Schnee, 1920, BD. II, S. 169 ff.).

---

[18] Großbritannien beschloss 1807 die Abschaffung des internationalen Sklavenhandels und setzte sich daraufhin diplomatisch und militärisch dafür ein, dieses Ziel zu erreichen. 1834 erklärte Großbritannien außerdem die Sklaverei selbst für illegal. (Speitkamp, 2007, S. 117)

Die Regierung des Deutschen Reiches zeigte sich zunächst wenig an einem formellen Kolonialbesitz interessiert. Der sich unter den europäischen Großmächten zuspitzende Wettlauf um territoriale Besitzungen in Afrika, dessen Aufteilung nach dem Historiker Christoph Marx „mit der Bedächtigkeit einer Börsenpanik vollzogen wurde" (Marx, 2004, S. 115), führte jedoch schließlich zu einer Kursänderung Bismarcks und Kamerun wurde im Juli 1884 zum deutschen Schutzgebiet ernannt, um die deutschen Handelsinteressen zu schützen (Speitkamp, 2005, S. 23 ff.).

Im ersten Weltkrieg wurde das deutsche Schutzgebiet Kamerun 1916 von Briten und Franzosen erobert und, im Anschluss an den Versailler Vertrag, als „Französisch-Kamerun" und „Britisch-Kamerun", unter einem Mandat des Völkerbundes, bzw., nach dem zweiten Weltkrieg, unter der „Treuhandschaft" der UN, von eben diesen beiden Kolonialmächten verwaltet (Jua & Burnham, 2008, S. 305). Dabei ging der Großteil des Landes, ca. 80%, an Frankreich, welches wesentlich mehr in die Entwicklung und Infrastruktur seines Mandatsgebietes investierte (vgl. Roseman et al., 1997, S. 223 f.).

1948 gründete sich in Französisch-Kamerun die kommunistisch ausgerichtete «Union des Populations du Cameroun» (UPC), welche nach sofortiger Unabhängigkeit verlangte, 1955 durch die französische Regierung verboten wurde und daraufhin im Untergrund den bewaffneten Kampf gegen die Besatzungsmacht und Kollaborateure aufnahm. Ihr Führer, Ruben Um Nyobé, wurde zwar 1958 erschossen, der Widerstand ging jedoch weiter, verlor aber im Laufe der Jahre an Unterstützung durch die Bevölkerung, da sich inzwischen Paris für Verhandlungen über die Unabhängigkeit dem kooperationsbereiten Politiker Ahmadou Ahidjo zugewandt hatte. Die Opfer dieses Bürgerkrieges, welcher noch bis in die 1970er Jahre andauerte, werden auf 30 000–150 000 geschätzt (zur UPC s. Speitkamp, 2007, S. 380 f.).

Französisch-Kamerun erhielt im Januar 1960 die Unabhängigkeit, woran sich im Oktober 1961 auch der Süden Britisch-Kameruns anschloss und das Land als Bundesrepublik Kamerun unter Ahidjo, inzwischen Präsident, „wiedervereinigt" wurde (Jua & Burnham, 2008, S. 305). Ahidjo führte 1966 einen autoritären Einparteienstaat unter seiner

"Cameroon National Union" (CNU) ein und unterdrückte in der Folgezeit jegliche Opposition. 1975 wurde das Land in „Vereinigte Republik Kamerun" umbenannt und offiziell zu einem Einheitsstaat (ebenda). Ahidjo übergab überraschend, wohl aus gesundheitlichen Gründen, 1982 den Präsidentenposten an Paul Biya, der seit 1975 Premierminister war, behielt aber die Führung der CNU. Die konkurrierenden Machtansprüche Ahidjos und Biyas führten jedoch 1984 zu einem Putschversuch Ahidjotreuer Offiziere aus dem Norden, welcher aber blutig vereitelt werden konnte (Roseman et al. 1997, S. 225) und in dessen Folge Biya ebenso den Parteivorsitz übernahm und politische Gegner aussortierte (Clarke et al. 2006, S. 191). Ebenfalls 1984 wurde das Land erneut, in den bis heute gültigen Namen, „Republik Kamerun" umbenannt, was übrigens bereits 1960 der offizielle Name des unabhängig gewordenen Französisch-Kamerun gewesen war (Jua & Burnham, 2008, S. 305). Ein Jahr später folgte dann die Umbenennung und 1986 die Neubildung der CNU in «Rassemblement Démocratique du Peuple Camerounais» (RDPC) (Clarke et al., 2006, S. 191).

Biya setzte die Einparteienherrschaft Ahidjos fort und wurde 1988 nach offiziellem Ergebnis mit 98, 75% der Stimmen im Amt bestätigt (African Elections Database, 2009). Dennoch konnte sich auch Kamerun nicht der, nach dem Ende des Kalten Krieges, in Afrika einsetzenden Demokratisierungswelle[19] entziehen, welche 1990 zu blutigen, politischen Unruhen mit hunderten von Toten im Land führte (Krieger, 1994, S. 605) und im Dezember 1990 mit dem Zugeständnis Biyas endete, ein Mehrparteiensystem einzuführen (Roseman et al. 1997, S. 224).

Nach den, weder fairen noch freien, Wahlen 1992, in denen sich die RDPC und Biya erneut durchsetzen konnten (Jua & Burnham, S. 306), setzte das Regime aber 1996 eine neue Verfassung durch, welche eine starke Zentralregierung zementierte und so den föderalistischen Bestrebungen der Oppositionsparteien einen Riegel vorschob (Roseman et al. 1997, S. 225).

---

[19] 1989 waren noch 29 Staaten Afrikas durch Einparteienherrschaft regiert, 1994 offiziell kein einziger mehr (Southall, 2003, S. 9).

Die RDPC und Paul Biya konnten in Folge die Parlamentswahlen von 1997, 2002 und 2007, bzw. die Präsidentschaftswahlen von 1997 und 2004 gewinnen, welche jedoch alle Irregularitäten und Defizite in Bezug auf demokratische Wahlen aufwiesen (U.S. Department of State, 2009). Bi In Februar 2008 kam es erneut zu großen politischen Unruhen (vgl. Wache & Opio, 2008; Eta, 2008), nachdem Biya in seiner Neujahrsrede[20] eine Verfassungsänderung angedeutet hatte, um 2011 erneut für das Amt des Präsidenten kandidieren zu können, in deren Folge mind. 139 Menschen ihr Leben verloren und ca. 1500 Personen verhaftet wurden (Amnestiy International, 2009, S. 10). Die Verfassungsänderung wurde dann im April des selben Jahres durchgesetzt (Nsom, 2008).

Zusammenfassend lässt sich die politische Situation Kameruns, das in 48 Jahren Unabhängigkeit genau zwei Präsidenten erlebt hat, somit als stabile Diktatur charakterisieren, die zwar im Laufe der zweiten Demokratisierungswelle in Afrika, Anfang der 1990er Jahre, gewisse Zugeständnisse an Pressefreiheit und Demokratisierung unternehmen musste, tatsächlich jedoch, auch durch Unfähigkeit der gespaltenen Opposition, bisher kaum Machtansprüche einschränken musste und von Klientelismus und Korruption durchdrungen ist. Auch die Situation der Menschenrechte ist bedenklich. Das "U.S. Department of State" listet in einem Bericht über die Situation der Menschenrechte in Kamerun schwerwiegendste Missstände auf, u.a. extralegale Tötungen und Folter durch staatliche Sicherheitskräfte (U.S. Department of State, 2009).

3.4 Duala

Duala ist die größte Stadt Kameruns und ebenso die ökonomische Hauptstadt des Landes. Der Hafen macht sie zu einem wichtigen internationalen Umschlagplatz für Im- und Exportgeschäfte und ein Großteil der kommerziellen Geschäfte und Industrien des Landes haben sich hier angesiedelt (Séraphin, 2000, S. 7). Die Bevölkerungszahl ist unbekannt,

---

[20] Hier nachzulesen: http://www.postnewsline.com/2007/12/president-biyas.html.

wird aber auf 1,8–4 Millionen geschätzt (Malaquais, 2008, S. 139). Das Klima in Duala ist aufgrund der hohen Luftfeuchtigkeit, im Jahresdurchschnitt 88%, trotz der moderaten Jahresdurchschnittstemperatur von 26,3%, selbst für einheimische Bewohner der Stadt schwer zu ertragen (Séraphin, 2000, S. 8).

Duala war ursprünglich ein Fischerdorf (Malaquais, 2008, S. 139), welches, wie wir oben gesehen haben, schon Ende des 15. Jahrhunderts mit Europäern verschiedenster Nationen in Handelskontakten stand. Dadurch wurden das an der Küste siedelnde Volk, die Douala, zu privilegierten Zwischenhändlern und Duala entwickelte sich bereits Anfang des 19. Jahrhunderts zu einer florierende Stadt (ebenda). Nach der Kolonialisierung durch Deutschland war Duala von 1884 bis 1907 die Hauptstadt des Schutzgebietes Kamerun, welche dann aber aufgrund des unfreundlichen Klimas ins hochgelegene Buea verlegt wurde und zählte zu dieser Zeit ca. 22 000 Einwohner (Deutsches Koloniallexikon, 1920, BD. I, S. 477). Noch in der deutschen Herrschaftszeitwurde die Umsiedlung der autochthonen Bevölkerung geplant, welche durch einen sogenannten «cordon sanitaire»[21] von den weißen Kolonialisten getrennt werden sollten. Es kam aufgrund des ersten Weltkrieges nie zu einer endgültigen Umsiedlung, jedoch waren auch die Franzosen sehr zögerlich, die rechtliche Enteignung rückgängig zu machen und setzten durch städtebauliche Maßnahmen die Tendenz einer kulturellen Trennung fort (Eckert, 2006, S. 215 ff.). Das Muster dabei war eine Zweiteilung der Stadt in einen modernen, gut ausgestatteten und dünn besiedelten, „europäsichen" Teil und einen überbevölkerten, mit schlechter Infrastruktur versehenen „indigenen" Teil, welcher mit der Zeit immer unregierbarer wurde (ebenda, S. 213 ff.).

Nach dem Ende des zweiten Weltkrieges besaß die Stadt 1947 bereits 60 000 Einwohner und verdoppelte diese Zahl bis 1954 beinahe, auf 108 000 Einwohner (Soulillou, 1993, S. 309). Somit hat sich die Bevölkerungs-

---

[21] Fast alle Kolonialmächte achteten auf eine strikte wohnliche Segregation der „Rassen". Der sogenannte «cordon sanitaire» diente dabei als „gutes" medizinisches Argument, da man inzwischen die Anophelesmücke als Verursacher der Malaria ausgemacht hatte und besonders afrikanische Kinder häufig das Plasmodium der Malaria in sich trugen (s. Eckert, 2006, S. 213 f.)

zahl, bei einer angenommenen Bevölkerungszahl von nur 2 Millionen im
Jahr 2004, in den letzten 50 Jahren fast verzwanzigfacht. Die Bevölkerung
ist heute sehr heterogen und lebt größtenteils nach ethnischen Gruppen
getrennt in verschiedenen Vierteln. Die größte Gruppe sind mit ca. 60 %
die Bamileke, die autochthone Bevölkerung der Douala macht nur noch
7% aus (Séraphin, 2000, S. 10).

Die oben geschilderte Wirtschaftskrise der 1980er Jahre machte sich
natürlich besonders in der ökonomischen Hauptstadt bemerkbar (Séraphin, 2000, S. 96 ff.). In der Untersuchung von Séraphin (2000; N=208)
stellte sich für heute jedoch heraus, dass nur 9% der befragten Bevölkerung Dualas, älter als 16 Jahre, angab, auf der Suche nach Arbeit zu sein.
Die Schwierigkeit sei, Séraphin zufolge, also nicht einmal so sehr das
Problem mangelnder Beschäftigungsmöglichkeiten, sondern die Natur
der Arbeitsverhältnisse. So arbeiteten nur 25% der aktiven Studienpopulation für einen Lohn, während 63% der arbeitenden Befragten als Selbst-
ständige, der Großteil davon im informellen Kleingewerbe, seltener auch
als Gelegenheitsarbeiter und Handlanger tätig waren, in kurz: sich in
prekären Arbeitsverhältnissen befanden. Prekär daher, da das Einkommen bei mehr als 60% der Befragten weniger als 30 000 Franc-CFA betrug
und nur 20% darüber lagen (ebenda, S.97 ff.). Der Historiker John Iliffe
(1987, S. 174) sieht genau diese Vielzahl an Kleinhändlern als das Symp-
tom von Armut an, können doch diese nur Waren in kleinster Stückzahl
kaufen und konkurrieren somit untereinander nur um minimale Gewin-
ne.

Wie also oben bereits anhand des Gini-Koeffizienten festgestellt,
kann man davon ausgehen, dass ein Großteil der Bevölkerung von weit
weniger als dem durchschnittlichen BIP/ Kopf lebt, die hier von Séraphin
(2000) festgestellte Summe erscheint realistisch[22]. Zu dieser prekären fi-

---

[22] Um eine Vorstellung der Lebensverhältnisse zu ermöglichen, müssen diese Summen in
Relation zu den Lebenshaltungskosten gesehen werden (Zahlen basieren auf eigener
Wahrnehmung): Taxi – 100 bis 200 CFA für eine Strecke; eine Flasche Bier oder
Softdrink –350 bis 500 CFA; 1,5 l Mineralwasser- 450 CFA; 1 Beutel Tafelwasser (0,5l) 50
CFA; Mittagessen – 250 bis 500 CFA, eine Packung Nudeln – 450 CFA; eine rohe
Kochbanane – 100 CFA; Miete für moderne 1-Raumwohnung ca. 20 000 CFA, nach oben
offen; Medikamente gegen Grippe – 3500 CFA oder bei Séraphin (2000, S. 104 ff.):
Schulgebühren - 70 000/Jahr.

nanziellen Situation gesellt sich noch das, oben beschriebene, Problem der alltäglichen Korruption und ein sehr weit verbreitetes Unsicherheitsgefühl aufgrund der hohen Kriminalitätsrate und der Radikalisierung der Polizeimaßnahmen, diese einzudämmen (Morelle, 2007, S. 48 f.). So gaben in einer, bei Morelle (2007, S. 198) zitierten, Untersuchung (Durang, 2003) in Jaunde, der im Vergleich zu Duala sehr sauberen und sicher erscheinenden Hauptstadt, 40% der Befragten an sich nicht sicher zu fühlen. Eine Zahl die, subjektiv geschätzt, in Duala noch weitaus höher liegen sollte.

Zusammenfassend kann man festhalten, dass Duala somit genau die Entwicklung vieler anderer, kolonialer westafrikanischer Metropolen durchlaufen hat, wie sie bei Eckert (2006, S. 209 ff.) beschrieben wird: Eine – im Zuge der Kolonialisierung – einsetzende Stadtmigration zu Beginn des 20. Jahrhunderts, eine Zweiteilung der Stadt und ethnische Zersplitterung in den afrikanischen Vierteln, dramatische Bevölkerungszunahme nach dem zweitem Weltkrieg, eine mit der Regulation überforderte Regierung und ein, in Folge der Krise in den 1980er und '90er Jahren, schrumpfender Arbeitsmarkt, bei gleichzeitigem Wachstum des informellen Sektors und Zerfall staatlicher Dienstleistungen und den daraus resultierenden Problemen wie Verschmutzung, Kriminalität und Korruption.

4   Ursachen des Straßenkinderphänomens

Wie oben dargestellt (Kapitel 2), gibt es aufgrund der Heterogenität des Phänomens alleine mit der Definition der „Straßenkinder" erhebliche Probleme, konsequenterweise lässt sich daher auch nicht von *der* Ursache sprechen. Vielmehr gilt es, ein Set an möglichen Vorbedingungen herauszuarbeiten, die zum Entstehen des Straßenkinderphänomens beitragen können, dies aber nicht zwangsläufig tun müssen. Dazu werden nun zuerst einige Fallstudien näher beschrieben, die sich mit den Ursachen des Straßenkinderphänomens in Afrika auseinandergesetzt haben. Eine der Studien behandelt speziell Jaunde in Kamerun, während die anderen das Phänomen in anderen Ländern untersuchten. Dabei ist klar, dass sich die Ergebnisse, ebenso wie bei den Kategorisierungen, nicht zwangsläufig auf die Situation in Duala übertragen lassen, denn Afrika ist nicht gleich Afrika, in dem Sinne, dass die Unterschiede zwischen den Ländern Afrikas eine einheitliche Beschreibung nicht zulassen. Dennoch gibt es gewisse Parallelen in der Entwicklung afrikanischer Länder, wie bereits oben anhand der Entwicklung Dualas dargestellt und auch betreffend der Straßenkinder ergibt sich, wie gezeigt wird, ein Muster, dass man als wahrscheinlich annehmen kann und welches sich somit, zuerst einmal, zumindest zur Orientierung eignet. Darauf basierend wird ein Zwischenfazit gezogen und die Schwächen der Ergebnisse werden diskutiert, wonach ergänzend eine Analyse der Betrachtungsansätze geschieht. Im Anschluss daran wird ein endgültiges Fazit zu der Ursachendiskussion des Straßenkinderphänomens gezogen und die Implikationen für den Fortgang dieser Arbeit herausgestellt.

Bevor dann im nächsten Kapitel die Methoden für diese Untersuchung geklärt werden, wird zuletzt noch kurz der Forschungsstand zu der Transitionsphase vom „normalen Kind" zum Straßenkind betrachtet, da dies mit den Ursachen eng verbunden ist.

4.1 Vorläufige Ergebnisse

Matchinda (1999) untersuchte die Ursachen für das Straßenkinderphänomen in Jaunde, der Hauptstadt Kameruns, fokussiert besonders auf die sozioökonomische Situation der Herkunftsfamilie und den Erziehungsstil der Eltern. Dabei ging sie, betreffend des Erziehungsstiles, von folgendem aus:

> "The way of thinking of Cameroonian parents is influenced by the ancient conception of education, which is inseparable from punishment (...). For them, only punishment and corporal punishment for that matter helps to make children assume the responsibility of their actions. So it is not surprising to note that children are frequently beaten: for coming home to late, for insulting people, or for poor performances at school, they are immediately summoned and brutally tortured." (Matchinda, 1999, S. 246)

In der Tat stellte sich heraus, dass 62,9% der Straßenkinder (N=210) aus Familien mit einem als autoritär zu beschreibendem Erziehungsstil stammten[23] und 61% angaben, wegen sehr strenger Behandlung die Familie zu verlassen zu haben. Auch ließ sich ein Zusammenhang zum Einkommen der Familie herstellen, so kamen 64,3% der Informanten aus Familien mit niedrigem Einkommen und 9,5% gaben an, dass die Familie durch Tod eines Elternteils oder Scheidung zerbrochen sei, jedoch lebten 71,4% in instabilen familiären Verhältnissen, mit zumindest temporär getrennt lebenden oder sich oft streitenden Eltern (ebenda, S. 249). Weitere nennenswerte Erkenntnisse waren, dass der Großteil der Informanten (67,5%) relativ früh, zwischen der 4. Klasse und dem Ende der Grundschulzeit[24], die Schule verlassen hatte, 25 % gar niemals eine Schule besucht hatten und nur 7,5% auf einer weiterführenden Schule waren, diese

---

[23] Entsprechend der Einteilung von Baumrind (1967). Der autoritäre Erziehungsstil wird dabei, als kontrollierend, aber nicht kommunikativ beschrieben und ist darüber hinaus durch Befehle und Strafen gekennzeichnet (s. Matchinda, 1999, S. 246).

[24] Die Grundschule dauert im frankophonen Teil Kameruns sechs Jahre, in der anglophonen Region sieben Jahre.

aber auch alle abgebrochen hatten. Es stellte sich außerdem heraus, dass 63,3% der Eltern der Kinder nie in einer Schule waren, nur 13,8% der Kinder aus Familien kamen, die weniger als vier Kinder hatten und dass der Großteil (76%) bereits Jugendliche waren. Außerdem stellte Matchinda (ebenda) fest, dass 56% der Straßenkinder bereits Freunde unter den Straßenkindern hatten, als sie noch zu Hause lebten.

Zusammenfassend lässt sich also festhalten, dass autoritäre Erziehung, finanzielle Armut, instabile Familienverhältnisse, Kinderreichtum und geringe Bildung seitens der Eltern und durch Schulabbruch seitens der Kinder alles Faktoren sind, die das Straßenkinderphänomen zu begünstigen scheinen. Der Großteil der Straßenkinder Kameruns verlässt im Jugendalter die Familie, zudem ist ein Einfluss von Freunden möglicherweise von Bedeutung.

Plummer et al. (2007) untersuchten die Ursachen des Straßenkinderphänomens in Khartum (Sudan) und verglichen dabei die Aussagen von arbeitenden Kindern und Straßenkindern (N = 432). Demnach gaben ca. 70% der Straßenkinder an, dass die Familie in finanziellen Nöten war. Interessant ist in diesem Zusammenhang, dass rund 80% der arbeitenden Kinder ebenfalls Armut als Grund für ihren Aufenthalt auf der Straße angaben, ein höherer Prozentsatz also, als bei den Straßenkindern. Bei beiden Gruppen spielte zudem der Tod eines Elternteils eine wichtige Rolle (ca. 35%). Zu beachten ist dabei jedoch, dass ca. 40% der Straßenkinder auch angaben, in die Stadt gekommen zu sein, da ihre Heimatregion durch Krieg oder Dürre gepeinigt sei, Faktoren also, die sehr spezifisch für die Situation im Sudan sind und vermutlich in einem Zusammenhang mit dem Tod eines Elternteils stehen. Ungefähr 45% der Straßenkinder gaben an, dass familiäre Konflikte vorlagen und gut 20% der Jungen und 40% der Mädchen gaben außerdem an, körperlich misshandelt bzw. ausgenutzt worden zu sein, sexueller Missbrauch aber kam kaum vor. Immerhin knapp 20% der Straßenkinder behaupteten auch, dass ihre Familie sie vor die Tür gesetzt hätte. Ungefähr 45% der Straßenkinder gaben außerdem das Vorhandensein von pull-Faktoren an, wie beispielsweise die Beeinflussung von Freunden oder Langeweile zu Hause (Plummer et al., 2007, S. 1526). Weitere Ergebnisse der Studie wa-

ren, wie bereits oben genannt, die Feststellung, dass 90% der arbeitenden
Kinder noch nie Klebstoff konsumiert hatten, während 70% der Straßenkinder regelmäßig Klebstoff als Rauschmittel benutzen (ebenda, S. 1520
ff.). Auch stellten sich die Straßenkinder als vergleichsweise alt heraus, so
waren knapp 50% 15 Jahre oder älter (ebenda, S. 1524). Nur ca. 15% der
Familien der Straßenkinder stammen ursprünglich aus Khartum, alle
anderen sind mit ihren Familien zugezogen (ebenda, S. 1528). In qualitativen Interviews erzählten viele der Kinder von ihrer schlechten Behandlung durch Stiefeltern (ebenda, S. 1529), besonders Stiefmütter, ein Punkt,
der auch in anderen Studien auffällt[25]. Plummer et al. (2007) selbst fassen
die Ergebnisse folgendermaßen zusammen:

> "In conclusion, children came to work or live on the streets of Khartoum for com-
> plex reasons, including "push" factors such as poverty, parental death, family dysfunc-
> tion, displacement due to war/ drought, and "pull" factors such as following friends,
> and wanting nice things. (…) the onset of glue abuse also seemed to be key in many
> children's transition to living on the streets." (Plummer et al., 2007, S. 1534)

Auch bei Lalor (1999) finden wir einen Vergleich, der Gründe auf die
Straße zu gehen, zwischen Straßenkindern und arbeitenden Kindern in
Äthiopien[26]. Ähnlich wie in Khartum, kamen 30,1% der Straßenkinder
aufgrund von Vertreibung und/oder Tod der Eltern auf die Straße, im
Gegensatz aber zu der Situation im Sudan, traf dies nur auf 2,1% der
arbeitenden Kinder zu. Auch hier ist der Grund, aus wirtschaftlichen
Gründen die Straße aufzusuchen, bei den arbeitenden Kindern häufiger
(76,2%) als bei den Straßenkindern (30,5%), allerdings ist die Differenz
wesentlich größer als in Khartum. Straßenkinder berichteten außerdem
wesentlich häufiger von familiären Konflikten als die Vergleichsgruppe
(28,1 % vs. 3,7%). Weitere soziodemografische Daten von Bedeutung sind
die Feststellung, dass nur 23% der Straßenkinder bei beiden Eltern aufgewachsen waren (Lalor, 1999, S. 263). Ein knappes Fazit des Autors ist
folgendes:

> "Children *of* the street (…) come to the streets because there is nowhere else for
> them to go." (Lalor, 1999, S. 762; Hervorhebung im Original)

---

[25] Bourdillon (1994), S. 249; Lalor (1999), S. 763; S. 520; Matchinda (1999); Pirot (2004), S. 70.
[26] Basierend auf Zahlen der Unicef: Unicef (1993); zitiert in Lalor (1999, S. 762).

Eine weitere vergleichende Untersuchung stammt von Aderinto (2000), der eine Vergleichsstudie von 202 Kindern auf der Straße und 201 Sekundarschülern in Ibadan und Lagos (Nigeria) durchführte. Ähnlich wie bei Matchinda (1999) stellte sich heraus, dass die Familien der Straßenkinder recht groß waren, so hatten 67% der Straßenkinder fünf oder mehr Geschwister, während dies bei der Vergleichsgruppe nur bei 30% der Fall war. Auch hier waren, wie oben in anderen Studien betreffend Nigeria dargestellt, die Straßenkinder eher Jugendliche, 72% waren zwischen 15 und 18 Jahren alt (Aderinto, 2000, S. 1204). Ebenfalls waren hier fast alle Straßenkinder Schulabbrecher, nur 2% schafften einen Abschluss auf einer Sekundarschule[27]. Was die formale Bildung der Eltern der Straßenkinder angeht, hatten zwar nur 33,7% der Väter keine formale Bildung, aber 40,1% besaßen auch nur einen Primärschulabschluss (bei den Müttern 68,3% und 17,8%), während die Väter der Schulkinder zu 68,7% mindestens einen Sekundarschulabschluss hatten (54,4% bei den Müttern). Bei den Berufen der Herkunftsfamilien fällt auf, dass 47% der Väter der Straßenkinder Bauern oder Handwerker sind, im Gegensatz zu nur 18,5% der Väter der Vergleichsgruppe. Ein Punkt, der besonders ins Auge sticht, und oft vernachlässigt wird, ist die Form der Ehe. Aderinto (2000) stellte fest, dass 62,9% der Straßenkinder aus polygynen Haushalten stammen, was nur auf 26,2% der Schulkinder zutrifft[28]. Ein nennenswerter Unterschied besteht auch in der familiären Wohnsituation, so lebten 47,5% der Eltern der Straßenkinder getrennt, während dies nur bei 13% der Schulkinder der Fall war[29]. Erwähnenswert ist in diesem Zusammenhang, dass Olley (2006, S. 267) in einer Untersuchung über Ibadan feststellte, dass nur 9,5% der Straßenkinder bei beiden Eltern aufwuchsen und 30,2% (aus einer Studienpopulation von 169 Kindern) sogar bei Verwandten oder einem sonstigem Vormund gelebt hatten. In Bezug auf die Gründe für das Verlassen der Familie wurde ungenügende fami-

---

[27] Olley (2006, S.275) stellte in seiner Untersuchung in Ibadan fest, dass nur 8% der Straßenkinder über 6 Jahre Schulerfahrung oder mehr verfügen.

[28] Olley (2006, S. 275) stellte ebenso 65% polygyne Herkunftsfamilien bei Straßenkindern fest.

[29] Alle genannten Daten sind bei Aderinto (2000, S. 1206) zu finden.

liäre Fürsorge von 68,4% der Straßenkinder genannt, was sich z.b. durch Nahrungsmangel oder allgemeine Vernachlässigung der Bedürfnisse der Kinder äußere (Aderinto, 2000, S. 1208). 46% der Straßenkinder hatten außerdem bereits Freunde auf der Straße, als sie noch zu Hause lebten, und 52,1% davon wiederum hatten den Eindruck, dass es den Straßenkindern besser gehe als ihnen selbst (ebenda, S. 1209). Was die Dauer des Straßenaufenthalts anbetrifft, stellte Olley (2006, S. 279) außerdem fest, dass 15% bereits mehr als fünf Jahre auf der Straße verbracht hatten.

Auch rein deskriptive Untersuchungen der Ursachen des Straßenkinderphänomen kommen im Endeffekt zu jeweils identischen Teilergebnissen, ohne allerdings, was zum Teil in der Methode begründet liegt und zum anderen Teil am Autor selbst, viele Daten und Fakten vorweisen zu können. So schreibt auch Bourdillon (1994, S. 520 ff.) über Straßenkinder in Harare (Simbabwe), dass der Großteil die Schule abgebrochen hätten, viele von ihren Eltern vernachlässigt wurden, Armut und familiäre Misshandlungen die Kinder auf die Straße treibe, teilweise aber auch Neugier. Der Autor bilanziert die Ergebnisse pragmatisch:

> "For the street children, life on the streets is not so much a problem as the solution to a variety of problems. Having been failed by the adult world, they find solace and support among other street children, who show them how they can survive on their own. Indeed, in the city center the older children are largely able to care for themselves (...)." (Bourdillon, 1994, S. 529)

Morelle (2007, S. 59) nimmt die Zahl von 26,1% getrennt lebender Eltern in Jaunde (Kamerun) zusammen mit der von 34,8% verwitweter Eltern als Indikator, den Zerfall der Kernfamilie als Hauptfaktor herauszustellen und Bibars (1998, S. 202) stellte über Straßenkinder in Ägypten ebenfalls die Faktoren Armut, brutale Erziehungsmaßnahmen und Schulausstieg als Hauptgründe der Ursachen fest. Darüber hinaus weist sie aber noch auf die in Ägypten vorherrschende Praxis hin, jugendliche Straftäter und Straßenkinder in sogenannte "corrective institutions" zu stecken, wo sie aber keine Rehabilitation erfahren würden, sondern danach erst recht und endgültig als Kleinkriminelle auf der Straße landen würden. (ebenda, S. 208 ff.).

4.2 Zwischenfazit

Betrachtet man also die Ergebnisse dieser Studien zusammen, werden folgende Faktoren als Ursachen des Straßenkinderphänomens genannt: Armut; instabile Familienverhältnisse (bedingt durch Trennungen und Todesfälle); misshandelnde Eltern, besonders Stiefmütter; autoritäre Erziehung; geringe Bildung der Kinder, wie der Eltern und damit einhergehend Arbeit der Eltern oft nur im Niedriglohn-Sektor; Schulabbruch; Kinder müssen auf die Straße, um die Familie finanziell zu unterstützen; große Familien, oft in Verbindung mit Polygynie; keine Alternativen zu Familie; Vertreibung; selten werden auch „pull-Faktoren" genannt, wie Freunde auf der Straße oder die Neugier auf das Straßenleben.

Die möglichen Zusammenhänge der einzelnen Punkte liegen auf der Hand, so erklärt dies beispielsweise Aderinto (2000) folgendermaßen:

"First, a polygynously married man is most likely to have a large family. This has obvious implications. One, enormous amounts of resources will have to be expended on the upbringing of the children and the sustenance of the family. Again, most of the fathers are engaged in low-income jobs, have little or no education, and at the same time, have more than one wife and several children. With the current socio-economic situations in the country, especially hardship being experienced by urban dwellers, the ability of many fathers to meet their family obligations is greatly impaired. One likely consequence of this is family disruption. In situations where a large proportion of marriages are subjected to this, the responsibility of taking care of the children falls on either of the parents in case of divorce or separation or even death. This responsibility may be too burdensome for the single parent to carry, and consequently, such children are likely to go to the streets or become delinquents in extreme cases." (Aderinto, 2000, S. 1212)

Trotz aller Logik und der großen Anzahl der möglichen Ursachen erscheinen diese Ergebnisse für die Erklärung des Straßenkinderphänomens überraschend unbefriedigend, denn so richtig diese Feststellungen einerseits sein mögen, so simplifizierend sind sie andererseits.

Simplifizierend, da man noch immer nicht weiß, warum nun manche Kinder auf der Straße leben und andere weiterhin bei ihren Familien bleiben. Man konnte zwar den sozioökonomischen Hintergrund der Straßenkinder beschreiben, erklärt jedoch dadurch nur unzureichend, warum sie auf der Straße sind, da, i.d.R., Kinder unter ähnlichen Um-

ständen mehrheitlich trotzdem nicht zu Straßenkindern werden, wohl
aber zu arbeitenden Kindern werden können.

Natürlich spielen sozioökonomische Umstände, besonders die Familie, eine sehr wichtige Rolle bei der Entstehung des Straßenkinderphänomens, setzen sie doch gewissermaßen den Rahmen des Szenarios, was
auch eindringlich durch die oben beschriebenen Studien deutlich wird –
dennoch greifen sie zu kurz, denn niemand könnte ernsthaft behaupten,
dass diese Gegebenheiten fatalistisch den Weg auf die Straße wiesen,
denn das hieße zu bestreiten, dass es viele Kinder gibt, die trotz schwie-
riger familiärer Umstände eine „normale" Sozialisation durchlaufen und
nicht auf der Straße landen, dass es auch in Armut fürsorgliche und in-
takte Familien gibt, etc. So betont auch Pirot (2004, S. 20), dass Armut
zwar sicherlich am Anfang des Phänomens von arbeitenden Kindern
stehe, spricht in diesem Zusammenhang – die Armut in Entwicklungsländern mit auf der Straße lebenden Kindern zusammen zu bringen –
jedoch sogar von einem Armutsklischee, später schreibt er:

> «Derrière cette perception simplifiée, se cache bien souvent une explication causale
> tout aussi simpliste: les enfants de la rue sont tous des enfants originaires de familles
> pauvres; n'ayant pas les moyens financiers de s'occuper d'eux, leurs parents seraient
> contraints de les abandonner à la rue. La réalité est en fait beaucoup plus complexe.
> D'abord, parce que le seul facteur économique ne suffit en aucun cas à expliquer le
> phénomène des enfants *de* la rue. (...) Notons à ce sujet qu'il existe à Douala, comme
> d'ailleurs à Kinshasa, des enfants *de* la rue qui sont fils des commerçants aisés, d'offi-
> ciers supérieurs, de hauts fonctionnaires, voire parfois même de ministres... Bref, des
> enfants ou des jeunes issus de couches sociales qui ne sont pas particulièrement défa-
> vorisées.» (Pirot, 2004, S. 61 f.; Hervorhebungen im Original)

Dafür spricht auch, wie bei Plummer (2007) und Lalor (1999) festgestellt
wurde, dass arbeitende Kinder häufiger angaben, aus wirtschaftlichen
Gründen auf der Straße zu sein, als die Straßenkinder. Ebenso konstatiert
Young (2004, S.473), dass diese Konzentration der Aufmerksamkeit auf
Armut nicht weiterhelfe, da dabei die Kinder als passive Opfer der Umstände dargestellt würden und man vollkommen außer Acht lasse, dass
auch die Kinder aktiv auf ihre Umwelt einwirkten. In diesem Zusammenhang, das Kind als aktives Subjekt anzuerkennen, ist es auch wichtig,
die sogenannten „pull-Faktoren" in die Betrachtung mit einzubeziehen,

was, wie wir gesehen haben, überraschend selten getan wird[30]. Auch in Bezug auf die anderen, hier genannten, Faktoren, ist so gut wie nichts Detaillierteres bekannt.

Was gebraucht wird, sind daher handfeste Daten über die individuellen Gründe und Motivationen das zu Hause zu verlassen, um so die möglichen Kontinuitäten und Zusammenhänge der einzelnen Punkte aufzudecken, welche als potentielle Einflussfaktoren für diese Entwicklung genannt wurden.

Natürlich nennen einige der Studien auch „subjektive" Gründe, die von den Kindern genannt wurden, fassen diese aber dann unter Begriffen wie familiäre Probleme, wirtschaftliche Gründe, Vernachlässigung etc. zusammen, ohne weiter auf deren Natur einzugehen (z.B. Plummer, 2007; Aderinto, 2000; Lalor, 1999).

An diesem Punkt ist es sinnvoll eine nähere Betrachtung der Perspektive der Erklärungsansätze des Straßenkinderphänomens vorzunehmen, was die eingeengte Perspektive bisheriger Studien aufzeigt und wichtige Implikationen für den Fortgang dieser Arbeit beinhaltet.

4.3 Betrachtungsansätze

Roggenbuck (1993, S. 8 ff.) erarbeitete eine, v.a. auf Studien über Straßenkinder in Kolumbien basierende, Metabetrachtung der Erklärungskonzepte und unterschied dabei zuerst zwischen individualzentrierten Ansätzen und soziozentrierten Ansätzen, die jeweils wieder spezifischere Annäherungsperspektiven unter sich vereinen[31]. Erstere Erklärungsansätze betrachten hauptsächlich die individuellen Charakteristiken der

---

[30] Wie oben gesehen, ist dies, außer bei Plummer et al. (2007), nur durch Bourdillon (1994) und Aderinto (2000) geschehen.

[31] Auch Panter-Brick (2001, S. 15155) stellt fest, dass es grob gesehen zwei Denkschulen gibt, welche sie als die der "personal pathology" und die der "external structural factors" benennt. Diese entsprechen, anhand des Namens erkennbar, in etwa der Aufteilung in individual- und soziozentrierte Ansätze nach Roggenbuck (1993), werden aber nicht weiter detailliert, weswegen wiederum hier nicht tiefer darauf eingegangen wird.

Straßenkinder, während letztere den Fokus auf gesellschaftliche Faktoren setzen, die am Entstehen des Phänomens beteiligt sind.

Dabei unterscheidet Roggenbuck bei den individualzentrierten Ansätzen die von ihm als psychopathologischer, personalistischer und romantischer Ansatz benannten Perspektiven. Ersterer gründet v.a. auf Untersuchungen des Psychiaters Ballesteros Rotter (1968; dargestellt in Roggenbuck, 1993, S. 9 f.), welcher einer Vielzahl der Straßenkinder dissoziale Persönlichkeitsstörungen bzw. antisoziales Verhalten attestierte, während der personalistische Ansatz, basierend auf Untersuchungen des Psychologen J. Kirk Felsman (1981; dargestellt in ebenda, S. 15 f.), die Straßenkinder gerade als besonders resistent und anpassungsfähig gegenüber ihrem, in Bezug auf Risikofaktoren, belasteten Herkunftsmilieu einstufen. Der romantische Ansatz wiederum basiert auf der Arbeit des französischen Ethnologen Jaques Meunier (1979; dargestellt in ebenda, S. 11 f.), der die Straßenkinder als Konstrukteure ihrer eigenen, freien, Gegengesellschaft idealisierte.

Die soziozentrierten Betrachtungsansätze unterteilt Roggenbuck nun in fünf Typen. Der erste davon ist der sogenannte Autoritarismus-Ansatz, basierend auf José Gutiérrez (1967; dargestellt in ebenda, S. 20 f.), welcher in den autoritären, hierarchisierten Beziehungsstrukturen einer Gesellschaft die Hauptursache des Straßenkinder-Phänomens sieht, da Kinder innerhalb dieser Strukturen am meisten zu leiden hätten.

Der Modernisierungs-Ansatz legt den Fokus auf gesellschaftliche Transformationsprozesse, als deren Nebenprodukt das Straßenkinder-Phänomen, als Indikator einer Krise der Gesellschaft, zutage trete. Im Zuge solcher Transformationsprozesse entstehende Armenviertel, Landflucht und instabile Familienverhältnisse führen demnach indirekt zu einem Umfeld, dass die Kinder die Straße, als letzten Zufluchtsort, aufsuchen lässt.

Der sozialstrukturelle Ansatz hingegen sieht nicht die Transformationsprozesse einer Gesellschaft als den entscheidenden Faktor an, sondern die gesellschaftliche Ungleichverteilung von Ressourcen. Die jeweils Ärmsten nämlich seien auch auf die Arbeitskraft ihrer Kinder angewiesen, welche im informellen Sektor schnell zum Straßenkind werden könnten.

Der soziohistorische Ansatz wiederum betont die historischen Wurzeln heute vorgefundener sozialer Verhaltensweisen. Der Ansatz geht auf Alejandro García Durán (1982; dargestellt in ebenda, S. 26 f.) zurück, der dies am Falle Mexikos darstellt. Demnach habe die koloniale Eroberung, *Conquista*, bedingt durch das niedrige Niveau moralischer Integrität der Eroberer[32], letztendlich zu der Gesellschaft selbst schadenden Verhaltensweisen und Entstehung einer Machismo-Kultur geführt, welche ihre Frustrationen an den Schwächsten auslasse. Seien dies früher Sklaven gewesen, so seien heute Frauen und Kinder die Opfer.

Der soziokulturelle Ansatz schließlich geht auf Untersuchungen Psychologen Lewis Aptekar (1988; dargestellt in Roggenbuck, 1993, S. 28 f.) zurück und stellt die Familie in den Mittelpunkt der Betrachtung. Demnach seien Straßenkinder v.a. aus Familien, in denen die Erziehung stark von Müttern dominiert sei, die Gesellschaft aber männliche Werte idealisiere. Die Kinder würden somit früh zur Selbstständigkeit erzogen, wozu auch das Geld verdienen auf der Straße gehöre, wo sie dann durch bereits dort lebende Straßenkinder in deren Subkultur aufgenommen würden.

Wie anhand dieser Analyse der Betrachtungsansätze deutlich wird, sind die vorgefunden Ursachen des Straßenkinderphänomens sehr vielfältig, ambivalent oder gar offen widersprüchlich. Roggenbuck (1993) selbst zieht dazu folgendes Fazit:

> „Als aufmerksamer Betrachter muß man sich die Frage stellen, ob Straßenkinder nun krank oder gesund sind, ob sie homosexuell, drogenabhängig, mißhandelt, verlassen oder eher ganz "normal" sind und rational handeln. "Verkommen" die Straßen-

---

[32] Der weltberühmte polnische Journalist Ryszard Kapuściński schreibt dazu: „Eine der Ursachen für die beispiellose Brutalität und Grausamkeit der Weißen war, (...), das beschämend niedrige kulturelle und moralische Niveau der Menschen, die man als Vorhut für die Kontakte mit den Anderen in die Welt hinaus schickte. Die Besatzungen der damaligen Schiffe setzten sich mehrheitlich aus Verbrechern, Kriminellen, Banditen, notorischem und deklariertem Abschaum, bestenfalls aber aus rastlosen Elementen, Heimatlosen und Versagern zusammen. (...) Die Tatsache, dass Europa durch Jahrhunderte zur Begegnung, noch dazu zur ersten Begegnung, mit den Anderen seine übelsten, abscheulichsten Vertreter ausschickte, wirft einen düsteren Schatten auf unsere Beziehungen zu den Anderen (...). (Kapuściński, 2008, S. 19)

kinder nun auf der Straße, d.h. wird ihre unterstellte Pathologie hier noch verstärkt,
oder ist das Straßenleben ganz im Gegenteil positiv zu beurteilen, d.h. werden sie hier
zu einer Persönlichkeit, zu einem "produktiv-zufriedenen" Menschen?" (Roggenbuck,
1993, S. 33)

Ursachen dieser Disparitäten lägen, abgesehen von der Betrachtungsper-
spektive, nicht zuletzt auch an mangelnder emotionaler Distanz zum
Forschungsgegenstand (ebenda, S. 30 ff.), was sich in Viktimisierungs-
bzw. Glorifizierungstendenzen der Forscher gegenüber den untersuchten
Kindern äußere. Ersteres sei eine Perspektive, die die Straßenkinder vor-
rangig als Opfer äußerer Umstände sehe und stark auf dem westlichen
Ideal einer normativen Kindheit basiere, demnach sei ein alleine lebendes
Kind zwangsläufig ein „Opfer". Auch Panter-Brick (2001, S. 15155) attes-
tiert der Straßenkinderforschung diese Viktimisierungstendenz, allerdings habe Ende der 1990er eine Wende stattgefunden, mit der Erkennt-
nis, dass die Kinder bei weitem keine passiven Objekte seien, sondern
ihre Umwelt aktiv gestalteten und eigene Entscheidungen träfen[33]. Die
Glorifizierungstendenz wiederum basiere oft auf Kulturkritik und sehe
das Straßenkind als etwas Besonderes an und idealisiere es, hin bis zum
Sozialrevolutionär oder Vertreter einer heilen, gerechteren Welt.

Wie wir nun anhand dieser Einteilung Roggenbucks (1993) erkennen
können, handelt es sich bei allen oben betrachteten Studien zu den Ursachen des Straßenkinderphänomens in Afrika um soziozentrierte Ansätze,
die besonders die sozialen Umweltfaktoren hervorheben, dabei aber die
individuellen Charakteristiken der Entstehung des Phänomens vernach-
lässigen. Um aber das Straßenkinderphänomen angemessen analysieren
zu können, muss das Phänomen, entsprechend dieses Modells, auf allen
Ebenen betrachtet werden, damit fließen folglich historische, soziale,
ökonomische und individuelle Faktoren mit ein. In Bezug auf Afrika sind
somit die historische Wurzeln und individuelle Faktoren die bislang am
meisten Vernachlässigten.

---

[33] Dies ist zwar eine, für Pädagogen, banal selbstverständliche „Entdeckung", die jedoch
überraschenderweise bisher kaum explizit, so wie hier, herausgestellt wurde, weswegen
letztendlich diese Feststellung im hiesigen Kontext durchaus erwähnenswert ist. So
wurde dieser Punkt, in den hier vorgestellten Studien, sonst nur von Young (2004, S.
473) genannt.

4.4 Implikationen

Wie durch die Betrachtung der Studien über die Ursachen des Straßenkinderphänomens in Afrika, deutlich wurde, mangelt es besonders an
solchen, die individuelle Motivationen und Gründe des Verlassens der
Familie miteinbeziehen. Auch hat keine der Studien die historische Entwicklung des Phänomens betrachtet. Alle hier vorgestellten Studien können, in Anlehnung an Roggenbuck (1993), zu den soziozentrierten Ansätzen gezählt werden, versuchen also primär das Straßenkinderphänomen anhand sozioökonomischer Betrachtungen zu erklären. Dies ist
nicht verkehrt, die Ergebnisse sprechen für sich und weisen deutlich
nach, dass eine Vielzahl von Faktoren einen Einfluss hat.

Dennoch reichen diese Annahmen, wie oben festgestellt, nicht aus, da sie
eben nur den Rahmen des Szenarios beschreiben, nicht aber die individuellen Gründe für das Verlassen der Familie erklären. Dafür nämlich,
ist es nötig, beim Individuum anzusetzen und das Kind als aktives Subjekt miteinzubeziehen. Auch mögliche „pull-Faktoren" dürfen nicht außer Acht gelassen werden, nachdem das Kind nun als eigenständig han-
delndes Subjekt wahrgenommen wurde und nicht mehr nur als passives
Opfer der Umstände.

Es werden demnach detaillierte, subjektive Aussagen der Kinder benötigt, um die zweite Hälfte des Phänomens zu klären. Allgemeine Aussagen, nur anhand von historischen und/ oder sozioökonomischen Daten
getroffen, können kaum mehr als oberflächliche und stereotype Ergebnisse hervorbringen. Einige der oben betrachteten Studien schauten
zwar, neben den sozioökonomischen Daten, auch nach diesen „persönlichen Gründen", formulierten dann aber die Ergebnisse so allgemein,
dass sich die Aussagekraft in engen Grenzen hält. Umschreibungen wie
familiäre Probleme, wirtschaftliche Gründe, Vernachlässigung etc. vermögen
nicht, die dahinter stehenden, individuellen Gründe zu beschreiben, welche die Kinder veranlassten, auf die Straße zu gehen. Fragt man anders
herum, wird dies besonders deutlich: In welchen Familien kommen nicht
irgendwann einmal familiäre Probleme vor, wie viele Familien haben
nicht irgendwann einmal wirtschaftliche Probleme, inwiefern kümmern

sich Familien immer ausreichend um das Wohlergehen ihrer Kinder? Würden die Antworten auf diese Fragen als Ursache des Straßenkinderphänomens akzeptiert, müsste man überrascht sein, dass ihre Anzahl, in Entwicklungsländern insbesondere, nicht noch weitaus größer ist.

Daher ist es, genau gegenteilig zu bisherigen Studien, nötig, die persönlichen Motivationen der Straßenkinder nicht grob zusammenzufassen, sondern detailliert zu betrachten. Es muss aufgedeckt werden, inwiefern Armut, familiäre Konflikte, wirtschaftlichen Gründe etc. ursächlich konkret zum Straßendasein der Kinder beigetragen haben. Was ist die familiäre Vorgeschichte? Was veranlasste sie das zu Hause zu verlassen? Wie kam der Gedanke auf die Straße zu gehen? Solche Fragen, und viele mehr, gilt es zu stellen.

Bevor wir daher im nächsten Kapitel auf die nötige Methodik einer solchen Untersuchung eingehen, werde ich noch kurz auf einen weiteren Punkt eingehen, der mit den Ursachen eng zusammenhängt und daher an dieser Stelle Aufmerksamkeit verdient: der Weg auf die Straße.

4.5 Der Weg auf die Straße

So wenig man über die individuellen Motivationen der Kinder auf die Straße zu gehen weiß, so wenig ist auch über den Weg auf die Straße selbst bekannt. In den hier betrachteten Fallstudien wurde dieser Punkt nur bei Plummer et al. (2007, S. 1531) und Bourdillon (1994, S. 521) kurz betrachtet. Demnach stellte sich die endgültige Entscheidung, auf der Straße zu leben, für viele eher als Prozess dar, während dem auf der Straße arbeitende Kinder mehr und mehr Nächte die Woche außer Haus verbringen, um schließlich ganz fort zu bleiben. Wie oben herausgearbeitet wurde, scheint außerdem der Beginn des Missbrauchs von psychoaktiven Substanzen in diese Transitionsphase zu fallen.

Ein wenig ausführlicher finden wir diesen Prozess bei Pirot (2004, S. 73) dargestellt, der zuerst die Laufbahn eines Straßenkindes nach Lucchini (1993) beschreibt. Demnach stehe am Anfang normalerweise ein voranschreitender Bruch des Kindes mit der Familie, das Kind pendle in immer größeren Abständen zwischen zu Hause und der Straße. Die zweite Phase sei die der Entdeckung des neuen Lebens auf der Straße, welche Beklemmung oder aber ein Gefühl der Freiheit oder sogar Freude hervorrufe. Die dritte Phase sei die der Verinnerlichung der neuen Identität als Straßenkind, was den definitiven Bruch mit der Familie nach sich ziehe. Die vierte und letzte Phase des Weges auf die Straße sei die Einstellung von Gewohnheit in das neue Leben, in dem, auf lange Sicht, nach und nach alle Hoffnung auf Veränderung schwinde. Im Anschluss daran schildert Pirot (2004, S. 84 ff.) sozusagen „die Ankunft" in der Lebenswelt der Straße. Demnach irrt der Neuankömmling in der fremden Großstadt erst einige Tage umher, bis er schließlich von «anciens» ausfindig gemacht wird, die ihn normalerweise zuerst verprügeln oder ihm zumindest seine Habseligkeiten und Geld abnehmen. Somit lerne aber der Neuankömmling schnell, dass er nicht alleine klar kommen werde und werde sich an eine Gruppe der Älteren wenden und sie bitten für sie arbeite zu dürfen, um so Mitglied der Gruppe zu sein und ihren Schutz zu genießen. Daraufhin müsse der Neuankömmling sich zuerst als „würdig" erweisen, indem er Nahrung für die ganze Gruppe herbeischaffe, was ihn natürlich vor große Probleme stellt und Diebstahl dafür fast der einzige Weg sein mag. Ist er erfolgreich, werde er in die Gruppe aufgenommen und bekomme, sozusagen zur Initiation, einen neuen Namen, der seiner Person oder seinem Charakter entsprechen soll. Sei der Neuankömmling somit erst einmal in die Gruppe akzeptiert, gälte es nun, einen Platz in der Gruppenhierarchie zu erkämpfen. Am Ende stehe der vollständige Kontaktabbruch zur Herkunftsfamilie, womit der Betroffene auch endgültig die Identität als Straßenkind annehme.

Ähnlich wie bei Lucchini (1993) beschrieben ist dieser Prozess auch bei der Arbeit von Conto de Knoll (1991, S. 102) über Straßenkinder in Bogotá (Kolumbien). So bliebe das Kind erstmals nur einen Tag von zu Hause weg und verbringe die Zeit mit Freunden, wiederhole dies einige Male, bis es dann mehrere Nächte am Stück wegbleibe und anfange zwischen dem zu Hause und der Straße zu pendeln, wobei die Abwesenheit von zu Hause immer mehr zunehme. Schließlich werde so die Straße Schritt für Schritt zur primären Lebenswelt des Kindes und es integriere sich vollends in eine der Banden, womit der endgültige Schritt zur neuen Identität als Straßenkind vollzogen sei.

Zusammenfassend können wir also, betreffend des Weges auf die Straße, annehmen, dass er eher einem Prozess gleicht, anstatt einem Bruch, d.h. dass die Kinder nur in Ausnahmefällen von einem Tag auf den anderen vollends auf die Straße gehen. Zweitens scheint der Anschluss an eine Gruppe essentieller Bestandteil dieses Prozesses zu sein und drittens, erscheint es wahrscheinlich, dass dabei Drogen oder Diebstähle Bestandteile der Initiation in das Straßenleben sind. Viertens schließlich, steht vermutlich der Kontaktabbruch mit der Familie am Ende dieses Prozesses.

Da, wie bereits gesagt, der Weg auf die Straße natürlich eng mit den individuellen Gründen der Ursachen des Straßenkinderphänomens zusammenhängt, gilt es also auch, diesen Weg, in der hier angestellten Untersuchung, zu betrachten.

Im nächsten Kapitel wird nun kurz betrachtet, was die hier herausgestellten Fakten für Implikationen auf die Methodenwahl, einer Untersuchung über Straßenkinder, haben.

5 Methodik

Einig sind sich zunächst einmal alle Autoren betreffend der Tatsache, dass der Zugang zum Forschungsgegenstand vergleichsweise schwierig ist, in praktischer wie auch methodischer Hinsicht. Zuerst werde ich auf die praktischen Schwierigkeiten eingehen, danach auf die Untersuchungsmethodik.

5.1 Zugang zum Forschungsfeld

Am Anfang stellt sich die Frage, wo man Kontakt zu den Straßenkindern herstellen kann. Wählt man die Straße als Ansatzpunkt, so muss man natürlich die Kinder dort aufsuchen, was aufgrund der Mobilität der Straßenkinder nicht immer einfach ist (vgl. z.b. Kaime-Atterhög & Ahlberg, 2008, S. 1346) und setzt sich dadurch auch dem Risiko von Überfällen aus, was z.b. bei Roggenbuck (1993, S. 44 u. 55) beschrieben wird[34].

Der nächste Schritt ist nun die Kontaktaufnahme. Dabei wird normalerweise der Führer der Gruppe ausgemacht und das jeweilige Anliegen mitgeteilt, Zigaretten oder ähnliche Gefälligkeiten für den Anführer scheinen zur Motivation sinnvoll zu sein (Aderinto, 2000, S. 1202; Morakinyo & Odejide, 2003, S. 110), ebenso stellt sich die Frage nach einer Aufwandsentschädigung der Teilnehmer (s. z.b. Aderinto, 2000, S. 1202; Kaime-Atterhög & Ahlberg, 2008, S. 1348; Olley, 2006, S. 274). Es hat sich in vielen Fällen außerdem als fruchtbar erwiesen, den Kontakt zu

---

[34] Der Autor wurde z.B. in Lima (Peru) innerhalb eines Monats gleich dreimal überfallen und ausgeraubt.

den Straßenkindern über einen Mittelsmann herzustellen, z.b. einen Sozialarbeiter (Morakinyo & Odejide, 2003, S. 111), den die Kinder bereits
kennen, oder selbst ein älteres/ehemaliges Straßenkind (Olley, 2006, S.
273) welches von den anderen respektiert wird. Dies wird besonderes bei
Kaime-Atterhög & Ahlberg (2008, S. 1347) hervorgehoben, da diese Personen zum einen helfen könnten, schnell ein Vertrauensverhältnis zu den
Kindern aufzubauen und zum Anderen, durch ihre guten Kenntnisse der
Straßenkinder, auch als Schlüsselinformanten für Insider-Wissen dienen
könnten, z.b. ob die Kinder in ihren Geschichten übertreiben oder lügen.
Auch Roggenbuck (1993) betont diesen Punkt, mit dem Hinweis auf die
Vertrauensbildung, sehr:

> „Es muß ein authentischer Kontakt zu den Straßenkindern gefordert werden, d.h
> es muß ein Minimum an gegenseitigem Vertrauen zwischen Feldforscher und unter-
> suchten Personen existent sein. Nur so können die Barrieren eines ursprünglichen
> Mißtrauens überwunden werden, mit dem die Straßenkinder normalerweise denjeni-
> gen Personen begegnen, die nicht aus ihrer Welt stammen. Diese Getrenntheit der
> Welten zwischen Feldforscher und und Straßenkindern drückt sich in mehreren For-
> men aus – sozial, kulturell, ökonomisch, sprachlich -, was nicht zuletzt auf unter-
> schiedliche Schichtzugehörigkeit im gesellschaftlichen Gefüge zurückgeht. (...)
> Wichtigster Bestandteil des Forschungskonzepts waren die Schlüsselpersonen (...).
> Denn den so entscheidenden authentischen Kontakt zu den Straßenkindern konnte
> ich nur durch die Vermittlung von solchen Personen herstellen, die sich schon längere
> Zeit im Feld befanden und über entsprechende Erfahrungen und Kenntnisse verfü-
> gen." (Roggenbuck, 1993, S. 45 u. 54)

Auch mag durch solche Personen das Überfallrisiko minimiert sein, so
hatte Roggenbuck (1993, ebenda) in Lima (Peru) keine Schwierigkeiten
mehr, nachdem er einige Kriminelle als Kontaktmänner gefunden hatte.
Zuletzt sei noch darauf hingewiesen, dass die Straße als Untersuchungs-
ort auch rechtlich problematisch ist, da die Straßenkinder sich irgendwo
in einer rechtlichen Grauzone, zumindest aber im informellen Sektor,
bewegen, wenn sie nicht gar vollkommen „illegal" sind.

    Eine Alternative dazu, die Kinder auf der Straße aufzusuchen, be-
steht darin, mit Institutionen zu kooperieren, welche in irgendeiner Form
bereits mit Straßenkindern arbeiten (s. z.B. Kaime-Atterhög & Ahlberg,
2008, S. 1346 ff.). Dies können geschlossene, halboffene wie offene Institutionen sein, wobei ersteres problematisch dahingehend ist, dass die Kinder dort vermutlich nicht freiwillig sind, was zum einen ethische Prob-

leme mit sich bringt und zum anderen möglicherweise, je nach Forschungsgegenstand, die Frage aufwirft, inwiefern die Ergebnisse wirklich
zu verwenden sind, da es sich um eine recht bestimmte Studienpopulation handelt (vgl. Roggenbuck, 1993, S. 47 ff.). Daher erscheint es sowohl
vom moralischen wie praktischen Standpunkt aus betrachtet sinnvoll,
sich an die zwei letztgenannten Formen von Institutionen zu wenden.
Dabei kann man sozusagen in den Alltag der Kinder eintreten, ohne sich
jedoch den Problemen der Straße direkt auszusetzen und von dort aus,
falls notwendig, das potentielle Forschungsfeld auf der Straße erschlie-
ßen.

5.2 Untersuchungsmethodik

Ein Grund, warum über die individuellen Motivationen der Kinder, auf
die Straße zu gehen, so wenig bekannt ist, liegt u.a. auch an dem For-
schungsdesign der oben betrachteten Untersuchungen. Die große Mehrheit der Fallstudien begründet ihre Ergebnisse letztendlich anhand von
quantitativ erhobenen Daten, i.d.R. Fragebögen, wobei teilweise im Vorfeld zwar interessante Ansätze von verschiedenen qualitativen Methoden
eingesetzt wurden um sich dem Thema anzunähern, diesen aber dann
bei der Auswertung wenig Gewicht beigemessen wurde[35].

Fragebögen, haben jedoch den Nachteil, dass individuelle Nuancen
verloren gehen und aufgrund der notwendigen Standardisierung gewisse Verallgemeinerungen unumgänglich sind. Durch eine geschickte Kon-
struktion mag man zwar versuchen dem, so gut es geht, entgegenzuwir-
ken, jedoch kann man, angesichts der Heterogenität des Straßenkinderphänomens, nicht davon ausgehen, in einem Fragebogen alle relevanten
Aspekte mit einzubeziehen, da die Geschichten der Kinder schlicht und
einfach zu unterschiedlich sind. Hier ist man also auch an dem oben erwähnten Punkt angelangt, sich bereits vorgefertigter Theorien oder Kategorisierungen zu bedienen, was, wie herausgearbeitet wurde, problema-

---

[35] So geschehen bei z.B. bei Aderinto (2000), S. 1201 ff.; Matchinda (1999), S. 247; Morakinyo
& Odejide (2003), S. 110; Olley (2006), S. 273.

tisch, da zwangsläufig einschränkend, ist. Roggenbuck (1993) hebt außerdem hervor, dass es problematisch ist, quantitative Methoden auf
Sozialforschung mit Kindern anzuwenden, ein Punkt, der sonst in diesem Zusammenhang nirgends erwähnt wird und seiner Wichtigkeit wegen noch einmal im Wortlaut wiedergegeben werden soll:

> „Zunächst muß der Sachverhalt angesprochen werden, daß es sich bei den zu un-
> tersuchenden Personen um Kinder und nicht um Erwachsene handelt. Dies ist zum
> einen in der Hinsicht problematisch, als das Wissen über die Welt der Kinder bisher
> aufgrund eines Forschungsdefizits noch sehr prekär ist. Zum anderen kann in jedem
> Methoden-Handbuch nachgelesen werden, daß Kinder weitaus schwieriger für die
> Sozialforschung zugänglich sind als Erwachsene. (…) Um diese Barrieren so niedrig
> wie möglich zu halten, wird bei der Sozialforschung mit Kindern von den konventio-
> nellen quantitativen Methoden generell abgeraten (...)." (Roggenbuck. 1993, S. 43)

Die Lösung dieser Probleme liegt demnach in der Verwendung von fle-
xiblen, qualitativen Forschungsmethoden. Dabei muss aber hier direkt
der Hinweis erfolgen, dass man auch mit qualitativen Methoden nicht
zwangsläufig sicher vor Verallgemeinerungen ist, nur eben, dass man
diesen von vorne herein besser entgegenwirken kann.

Im Endeffekt gilt es vor allem, mit den Kindern zu reden, um so
mehr über ihre individuellen Motivationen die Familie zu verlassen und
den Prozess des Weges zu erfahren, also explorative Interviews mit den
Straßenkindern durchzuführen. Dies wird so auch bei Bortz & Döring
(2006, S. 384) betreffend von „Ursachen erfragen" und „Eigene Initiativen
erkunden" empfohlen, also genau dem, worum es hier geht.

Bei einer explorativen Untersuchung macht es keinen Sinn, einem
festen Leitfaden zu folgen, da die jeweiligen Umstände zu heterogen
sind. Trotzdem haben sich, anhand der bisherigen Betrachtungen, einige
Punkte ergeben, nach denen es zu fragen gilt, so dass sich ein teilstan-
dardisiertes Interview (nach Selg et al., 1992, S. 73) in diesem Falle als der
Königsweg erweist. So können auf diese Weise vergleichbare Daten zu
den einzelnen Informanten gesammelt werden, dennoch ist das Instru-
ment flexibel genug, um auf jeden Fall individuell eingehen zu können.

Die Einschränkungen eines solchen, qualitativen Ansatzes sind klar.
Aufgrund der zu erwartenden Datenfülle (s. Bortz & Döring, S. 329), ist
die Anzahl der zu interviewenden Personen zwangsläufig vergleichswei-

se klein, wodurch sich die Repräsentativität in engen Grenzen hält, da aber, wie so oft erwähnt, sowieso alle Fallstudien bezüglich Straßenkindern nur eine eingeschränkte Gültigkeit besitzen, stellt dies die Ergebnisse dieser Untersuchungen nicht in Frage. Des Weiteren gibt es einige weitere Einschränkungen, die ebenfalls akzeptiert werden müssen. So das häufig genannte Problem, dass praktisch nicht nachprüfbar ist, inwiefern die Straßenkinder die Wahrheit erzählen[36]. So gehört Lügen teilweise zum Alltagsleben der Straßenkinder, um beispielsweise durch Übertreibungen Mitleid hervorzurufen oder eigenes Fehlverhalten zu rechtfertigen (Roggenbuck, 1993, S. 44). Auch mag es schwierig sein, zu besonders heiklen oder persönlichen Themen Informationen zu bekommen, ein Phänomen, das aber allgemein auf Informanten und nicht nur speziell auf Straßenkinder zutreffen dürfte. So weisen Bortz & Döring (2006, S. 298) darauf hin, dass Fragebögen durch die Anonymität und Distanz zum Forscher bei Fragen solcher Art besser geeignet seien. Ebenfalls potentielle Fehlerquellen, die generell bei allen Evaluationen zu beachten sind, sind die bei Bortz & Döring (2006, S. 231 ff.) genannten Punkte der Selbstdarstellung und der sozialen Erwünschtheit. Ersteres ist das Phänomen, dass sich Informanten, teilweise sogar unterbewusst, positiver darstellen, als es in Realität der Fall ist, soziale Erwünschtheit drückt die Tendenz von Informanten aus, sich auch gegenteilig zu eigener Meinungen/Ansichten/etc. zu äußern, in der Absicht externen Werten und Erwartungen zu entsprechen, im Interview also z.B. denen des Interviewers (vgl. ebenda, S. 251).

Demgegenüber stehen jedoch die oben diskutierten Stärken eines solchen qualitativen Vorgehens, wie die Möglichkeit der Exploration und die Flexibilität des Instruments, was einer solchen Ursachenforschung mit Fokus auf individuelle Motivationen angemessen ist. Betrachten wir nun noch schnell die Durchführung und Auswertung, bevor wir uns dann den Ergebnissen widmen können.

---

[36] Siehe z.B. Bourdillon 1994, S. 516; Kaime-Atterhög & Ahlberg, 2008, S. 1347 f.; Matchinda 1999, S. 251; Morakinyo & Odejide, 2003, S. 115; Plummer et al., 2007, S. 1534.

5.3 Durchführung und Auswertung

Die Datenerhebung fand im Juni 2009 in enger Kooperation mit der oben genannten NGO «La Chaîne des Foyers Saint Nicodème» (STN) statt, in deren Heimen 12 Interviews mit Straßenkindern stattfanden[37], vier Interviews fanden außerdem im offenen Milieu, am «marché central» statt, wo ich auf ein von Straßenkindern selbst organisiertes «foyer» stieß, welches sich schlicht «Foyer Secteur Marché Central» nennt. Als Mittelsmänner dienten in letzterem Fall Erzieher von STN, während mir bei den Interviews in den Heimen von STN zugute kam, dass der so wichtige Schritt der Vertrauensbildung durch meinen Aufenthalt ca. ein Jahr vorher, sehr erleichtert wurde, da mich die Kinder teilweise bereits kannten.

Die Interviews wurden jeweils aufgenommen und in Anlehnung an Kuckartz et al., (2008, S. 27 ff.) transkribiert. Zusätzlich wurden, zur Erfassung der sozioökonomischen Hintergrunddaten, standardisierte Fragebögen eingesetzt, welche mit einem Statistik-Programm quantitativ ausgewertet wurden. Ersteres ist aus Gründen der Anonymitätssicherung nicht publizierbar, letzteres findet sich als Anhang unter Online-PLUS, ebenso wie der Interview-Leitfaden.

Das Vorgehen bei der Auswertung orientiert sich an den allgemein gängigen Schritten einer sogenannten qualitativen Inhaltsanalyse, wie sie z.B. bei Bortz & Döring (2006, S. 329 ff.) oder Schmidt (1997, S. 544 ff.) dargestellt werden. Eine solche beinhaltet die Entwicklung eines Kategoriensystems und die Kodierung des zu analysierenden Textes, welcher dadurch knapp zu beschreiben ist und gut mit den Analysen weiterer Texte verglichen werden kann. Die so entstandenen Kategorien und ein Beispiel einer durchgeführten Kodierung befinden sich im OnlinePLUS-Bereich.

---

[37] Dabei ist festzuhalten, dass die Tatsache, dass sich die Jungen in einem Heim befinden, nicht bedeutet, dass sie definitiv runter von der Straße wären, viele pendeln auch zwischen den Heimen hin und her oder finden, wie wir sehen werden, erst dort überhaupt den Einstieg in das tatsächliche Straßenleben. In diesen Fällen von „ehemaligen Straßenkindern" zu reden ist also verfrüht.

6 Ergebnisse

In diesem Kapitel werden die Ergebnisse der durchgeführten Untersuchung dargestellt. Zuerst findet eine sozioökonomische Beschreibung der Stichprobe der Informanten statt. Im Anschluss daran werden die Ergebnisse der qualitativen Inhaltsanalyse der Interviews vorgestellt.

6.1 Beschreibung der Stichprobe

Alle 16 Informanten waren männlichen Geschlechts, das Durchschnittsalter lag bei 18,7 Jahren, wobei die Altesspanne sehr groß ist. So ist der jüngste Informant zum Zeitpunkt des Interviews 12 Jahre alt gewesen, während der Älteste bereits 30 Jahre alt war.

Jeweils fünf Informanten stammten ursprünglich aus Duala und der Hauptstadt Jaunde (insgesamt also 63%), jeweils zwei aus den Provinzen «Littoral» und «Centre», sowie je einer aus den Provinzen «L'Ouest» und «L'Est». Bis auf zwei Informanten, die in Dörfern aufwuchsen, kamen alle aus Städten bzw. Kleinstädten. Die Schule[38] haben alle der 16 Informanten besucht und dabei durchschnittlich 7,4 Jahre auf der Schulbank zugebracht. Auch hier ist die Spannweite wieder sehr hoch, von einem Jahr Schulerfahrung bis hin zu zwölf Jahren. Dabei flossen aber auch Wieder-

---

[38] Hier stellte sich die Frage, inwiefern die bei STN durchlaufenen Schuljahre nun dazu zu rechnen wären oder nicht, da dies im Vergleich zu Straßenkindern, die nicht mit STN in Kontakt standen, sozusagen ein „Wettbewerbsvorteil" in dieser Kategorie war. Letztendlich entschied ich mich aber dafür auch diese miteinzubeziehen, da es mehr Argumente dafür gab, als dagegen sprachen. Ein Fall (A 12) ist in diesem Zusammenhang besonders erwähnenswert, da er der Einzige war, der zu Hause niemals in der Schule gewesen war und zum Zeitpunkt des Interviews, durch die Hilfe von STN, mit 17 Jahren gerade sein erstes Jahr in der Grundschule abgeschlossen hatte.

holungsjahre mit ein, so dass eine Anzahl über die verbrachten Schuljahre nur begrenzten Aussagewert besitzt. Betrachtet man die jeweils er-
reichten Schulabschlüsse, so zeigt sich, dass 50 % der Stichprobe keinen
Schulabschluss besitzen, fünf Informanten einen Grundschulabschluss
haben (31%) und drei der Befragten einen Sekundarschulabschluss er-
reichten (19%). Einen formellen Ausbildungsabschluss besaß nur einer
der Informanten, auch hatte außer diesem niemand eine formelle Ausbildung angefangen.

Was den familiären Hintergrund angeht, kamen 81% der Straßenkinder aus monogamen Haushalten und hatten durchschnittlich fünf
Geschwister. Auch bei der Geschwisteranzahl gibt es eine große Bandbreite, von Null bis elf, wobei aber die große Mehrheit, 73%, zwischen
vier und sechs Geschwistern hat. Des Weiteren leb(t)en bei elf Fällen
(knapp 70%) die Eltern zusammen und in fünf Fällen getrennt bzw. nicht
konstant zusammen. Trotzdem wuchsen nur neun der Informanten
(56%) – und dies auch nur zeitweise – bei beiden Eltern auf, während
fünf (31 %) bei ihren Müttern aufwuchsen und zwei bei anderen Verwandten. Dieser augenscheinliche Widerspruch lässt sich durch die Todesfälle erklären. So gab es bei 50% der Informanten solche, innerhalb
der Kernfamilie, zu beklagen. Bei fünf Fällen (31%) starb die Mutter, bevor sie auf die Straße gingen, bei drei Fällen (19%) sogar beide Eltern[39].
Somit lebten, bis zu ihrem endgültigen Schritt auf die Straße, insgesamt
nur 4 der Kinder konstant bei ihren beiden Eltern.

Das Bildungsniveau der Eltern war vielen der Informanten unbekannt, so konnten zu 63% der Väter und zu 44% der Mütter keine Angaben gemacht werden. Vier der Väter (25%) der Informanten besitzen jedoch einen Sekundarschulabschluss und jeweils einer keinen Abschluss
und einen Primarschulabschluss. Die Mütter scheinen im Allgemeinen,
den Aussagen der Informanten nach, sogar über ein besseres Bildungsniveau zu verfügen, da hier immerhin sieben der Frauen (44%) einen

---

[39] Somit ist es also möglich, dass bei einem Informanten in der Datenmaske beispielsweise
    steht, dass die Eltern verheiratet waren und zusammen gelebt haben, er aber dennoch
    nur bei seiner Mutter aufwuchs, da der Vater sehr früh gestorben war und er sich nicht
    einmal mehr an ihn erinnern konnte.

Sekundarschulabschluss haben. Wie bei den Männern gibt es jeweils einen Fall mit einem Primarschulabschluss und einen ohne Schulabschluss.

Betreffend der Berufe der Eltern stellte sich heraus, dass Bauer und Handwerker mit sieben Fällen (44%) bei den Männern die häufigsten waren und unter der Kategorie „sonstiges" andere Berufe aufgenommen wurden, die keine großen Bildungsvoraussetzungen benötigen, wie Nachtwächter oder LKW-Fahrer. In dieser Kategorie fanden sich drei Väter von Informanten (19%). Es gab aber auch zwei Fälle von Angestellten, davon einer sogar Polizeikommissar (A 7) und der andere Buchhalter in einem größeren Unternehmen (A 4). Bei vier Vätern war der Berufsstand unbekannt (25%). Bei den Müttern der Informanten gestaltet sich die Berufsübersicht recht unkompliziert, da hier die große Mehrheit, dreizehn, als Verkäuferinnen arbeitete (81%), größtenteils von agrarischen Produkten, und drei als Hausfrauen.

Sechs der Informanten (38%) gingen bereits arbeiten, bevor sie auf die Straße gingen, darunter waren jedoch nur zwei Fälle (A 3 u. A 16) die damit zum Familieneinkommen beitrugen. A 8 versorgte sich sogar komplett selbst, zu diesem Zeitpunkt lebte er jedoch bereits alleine. A 11 verdiente sich dadurch sein Taschengeld, während A 14 u. A 15 gelegentlich während der Schulferien arbeiteten.

6.2 Was ist die Vorgeschichte der Informanten?

Die Vorgeschichten der Informanten sind im Detail so verschieden, wie individuelle Lebensläufe eben sind, dennoch ließen sich ja bereits oben gewisse sozioökonomische Gemeinsamkeiten identifizieren.

Was nun die, durch die Kategorien festgestellten, gemeinsamen Muster der Vorgeschichte angeht, so ist es nicht immer einfach, die verschiedenen Ereignisstränge voneinander abzugrenzen, da es vielfache Überschneidungen zwischen sich gegenseitig beeinflussenden Faktoren gibt. So ist z.B. das Verhältnis zu den Eltern bzw. Fürsorgeperson nicht alleine aus sich selbst heraus stabil, sondern unterliegt äußeren Einflüssen, welche durch die Kategorien erfasst wurden und diese das Eltern-Kind-Verhältnis teilweise gravierend rekonfigurierten. Aber betrachten wir zuerst die Ausgangssituation.

Die meisten der Informanten hatten irgendwann, in ihrer frühen Kindheit, vermutlich eine normale Beziehung zu ihren Eltern oder zumindest eine ausreichend gute, so dass sie es nicht für nötig hielten, das Gegenteil zu erwähnen.

Zwar wurden knapp 70% der Informanten zu Hause geschlagen, dabei gab es jedoch sozusagen „qualitative" Unterschiede[40]. Viele Aussagen deuten jedoch in die Richtung, dass sie es nicht als besonders schlimm empfanden, geschlagen zu werden und meist einsahen, wofür die Bestrafung war. So sagte z.b. der Informant A 4 folgendes darüber aus:

> «Parfois elle [die zweite Frau seines Vaters, Anm. d. V.] me tapait, mais parfois me tapait des choses que je comprenais que j'étais coupable mais ... (...) Il y avait aussi certains choses que je ne connaissais pas.» (A4)

Und stellt dies am Ende des Interviews von selbst in den Kontext seines Schrittes auf die Straße:

> «Mais, ce que, le problème qui se pose c'est pas le fait que mes parents me tapaient que j'ai rejoint la rue. Toute la faute est de mon côté.» (A 4)

Trotz der Schläge, war das Verhältnis zu den Eltern in der Regel gut. Die angesprochen „qualitativen" Unterschiede des Schlagens sind darin zu sehen, dass dies für die bisher zitierten Informanten kein Grund war, die Familie zu verlassen, wohingegen dies bei 3-4 Informanten[41] Ausmaße

---

[40] Nötige Anmerkungen hierzu sind: A 2 wurde erst später von seinen Eltern geschlagen, nachdem er bereits lange auf der Straße war. Außerdem wurde A 6 nur ein einziges Mal von seinem Vater geschlagen, ebenso wie A 10 von seinem Onkel. Auch der Fall von A 14 ist kategorietechnisch kompliziert, da er sich eher mit seinem Onkel prügelte, als dass er geschlagen wurde. Dennoch wurden auch diese Fälle hier mit aufgenommen, da eben das Hauptkriterium die persönliche Erfahrung körperlicher Gewalt innerhalb des Haushalts war, was demnach ebenso auf all diese zutrifft.

[41] Bei A 1 ist vieles Unklar. Dementsprechend fällt eine Kategorisierung in diesem Fall immer wieder schwer, die Tatsache aber, dass er mir große Narben auf seinem Rücken zeigte, ließen mich ihn hier einordnen, obwohl diese Wunden natürlich auch von der Straße stammen könnten. Insgesamt hatte ich jedoch nicht das Gefühl, dass er lügt, sondern vielmehr, dass er nur die Hälfte erzählte.

annahm, die sie zu diesem Schritt veranlassten[42], wobei in diesen Fällen schon eher von Misshandlung gesprochen werden muss.

Alle Fälle, in denen Misshandlungen durch die eigenen Eltern zum ersten Schritt auf die Straße führten, weisen jedoch die Gemeinsamkeit auf, dass die Familie vorher gravierenden Stressoren ausgesetzt war.

So sagten z.B. A 3 und A 5 aus, dass die Misshandlungen erst ab einem bestimmten Zeitpunkt einsetzten. Die Stressoren waren in diesen Fällen, dass die Mutter von A 3 gestorben war und sich sein Vater inzwischen wieder verheiratet hatte, während sich in der Familie von A 5 die ökonomische Situation so weit verschlechtert hatte, dass es nicht einmal mehr regelmäßig etwas zu essen gab. Im Falle von A 1, der bislang mit seiner Mutter gelebt hatte, fand eine Änderung der Familienstruktur dadurch statt, dass ein Mann in die Familie kam und den Jungen anscheinend von Anfang an prügelte. Im Falle von A 2, der zwar früher nicht geschlagen wurde, jedoch nach seiner Rückkehr von der Straße, liegt ebenso eine familiäre Rekonfiguration vor, da er jahrelang verschwunden war, bevor er nun wieder versuchte sich in seine Herkunftsfamilie einzugliedern.

Einen sehr großen Einschnitt für das Familienklima, bzw. die familiäre Gesamtsituation an sich, stellte in der Hälfte der Fällen, der Tod der Mutter dar oder natürlich gar der Tod beider Eltern. In ersterem Fall entwickelte sich der Vater von A 3 zum Trinker und fing an, wie gerade erwähnt, seinen Sohn grundlos zu schlagen und zu beschimpfen, der Vater von A 7 schlug auf einmal ebenfalls seinen Sohn, was er zu Lebzeiten dessen Mutter nicht getan hatte, wobei hier auch das Verhalten von A 7 eine Rolle spielte, worauf später eingegangen wird. A 13 wiederum kam mit der neuen Ehefrau seines Vaters nicht zurecht, A 12 ging von zu Hause weg, da ihm sein Vater nicht sagen wollte, warum seine Mutter gestorben war und auch die Fälle von A 9 und A 10 zeugen von den Problemen, die die Jungen in einer neuen Adoptivfamilie hatten, nachdem die leiblichen Eltern gestorben waren. A 8 war gar, bereits im Alter

---

[42] A 2 jedoch erst, nachdem er von der Straße probeweise wieder in seine Familie zurückkehrte, von der er inzwischen einige Jahre getrennt gewesen war. Bevor er die Familie zum ersten Mal verließ, war dies nicht der Fall.

von 12 Jahren, vollkommen auf sich alleine gestellt, da, nachdem erst sein
Vater und dann seine Mutter gestorben war, seine Schwestern von der
Großfamilie aufgenommen wurden und er vollkommen alleine in einem,
ihm unbekannten, Dorf zurückblieb. A 9 berichtet beispielsweise Folgendes über die Situation bei den Adoptiveltern:

> «Parce que là-bas, j'arrive dans la famille là, directement on t'accueille bien, le deu-
> xième jour c'est toi qui dois travailler seul, tu dois faire le ménage, les enfants de
> l'oncle ils sont là pour te regarder comment tu travailles. C'est comme ça. Il y avait un
> peu des menaces là-bas.» (A 9)

Was in dieser Neuordnungsphase der Familie nach einem Todesfall besonders ins Auge sticht und ebenso an anderen Fällen, die nicht bei ihren
leiblichen Eltern lebten, sind die häufigen, negativen Äußerungen in Bezug auf Stiefmütter bzw. nicht leibliche Eltern, die von 50% der Stichprobe geäußert wurden. A 6 z.B., der nach der Grundschule zu seinen Vater
ging, der sich inzwischen wieder verheiratet hatte, erzählte folgendes:

> «Mon père il avait une 2ième femme. (...) Il y a le matin, la 2ième femme-là, elle
> était trop sévère. Il y avait les matins que je partais sans manger, je rentre, je ne trouve
> pas la nourriture. (...) La 2ième femme, elle me traitait pas bien. Elle me traitait donc
> différent, elle avait un autre fils. Elle me traitait différent de son fils.» (A 6)

Was nun wiederum die eigenen Handlungen, die auf der Entwicklung
zum Straßenkind eine wichtige Rolle spielten, anbetrifft, sind vier Fälle[43]
zu nennen und es ist festzuhalten, dass diese Kategorie eng mit der der
Freunde auf der Straße zusammenhängt. So hatten A 3, A 7 und A 11
jeweils seit ihrem Grundschulalter bereits Freunde auf der Straße, letzterer hatte diese bei der Arbeit kennengelernt. Betrachten wir zuerst den
Fall A 7, der in gewisser Weise recht speziell ist. Wie bereits erwähnt,
hatte sich das Verhalten des Vaters von A 7 dahingehend geändert, dass
er, nach dem Tod der Mutter, anfing den Sohn, als Erziehungsmaßnah-
me, zu schlagen, wodurch dieser aber nun mehr und mehr Zeit auf der
Straße verbrachte. Die Verhaltensänderung des Vaters mag dadurch begründet sein, dass er nun über das Fehlverhalten seines Sohnes Bescheid
wusste, was vorher nicht der Fall gewesen war, da A 7 immer von seiner

---

[43] Eventuell auch fünf, da aber bei A 1 vieles unklar bleibt, wird er hier nicht berücksichtigt.

Mutter in Schutz genommen wurde, was die neue Frau des Vaters, zu der A 7 übrigens ein sehr gutes Verhältnis hatte, nicht mehr tat, sondern den Vater über Fehlverhalten informierte. Angesprochen auf die «petits erreurs» erzählte A 7 z.b. davon, dass er einmal einen Lehrer geschlagen hatte und allgemein sehr von Gewalt angetan war. So antwortet er z.b. warum sein Vater ihn schlug damit:

> «Trop de brutalité. Je brutalisais trop les enfants du quartier. Quand tu me déranges, je te tape, je te blesse, tout ça, je te tape.» (A 7)

Dies war schon immer so gewesen und nicht erst nach dem Tode seiner Mutter.

Was den Fall A 11 angeht, so spielten hier die Freunde eine wichtige Rolle. Zunächst einmal stellt er knapp und nüchtern heraus, warum er mit seinem Vater Probleme hatte:

> «Je volais, je faisais des petits trucs qui n'étaient pas du tout bon.» (A 11)

Und konkretisiert dies, später im Interview, folgendermaßen:

> «Parfois je rentrais très tard. Je manquais l'école, je partais plus à l'école. (...) Je volais, je dormais dehors, je revenais à la maison, je faisais le vagabondage par ci par là.» (A 11)

Dies war als er ca. 9 oder 10 Jahre alt war. Danach gefragt, ob er dies alleine gemacht hatte, äußerte er sich folgendermaßen und unterstreicht damit den großen Einfluss von Freunden auf der Straße:

> «Ça prend toujours par les amis. Je n'étais pas seul, j'étais toujours avec certains amis.» (A 11)

Auch A 4 schildert, dass er oft einfach zu Hause verschwand, nachdem es Probleme mit der zweiten Frau seines Vaters gegeben hatte und auf der Straße mit anderen Straßenkindern die Zeit verbrachte.

A 2 ist der einzige Fall, dessen eigenes Verhalten zu seinem Straßendasein beitrug, ohne, dass er vorher andere Straßenkinder kannte. Er verschwand einfach immer wieder, aus reiner Lust sich draußen herumzutreiben, von zu Hause und blieb alleine dort. «J'avais l'habitude de fuir la maison», ist dafür seine einzige Begründung, auch Probleme mit seinen Eltern hatte er keine. Auch wenn er von vielen Erwachsenen gesagt bekam, er solle nach Hause gehen und teilweise sogar geschlagen wurde, sagte er im Interview nur: «La rue ne sortait jamais de ma tête».

Um zurück zu dem Einfluss der Freunde auf der Straße zu kommen, gibt es fünf Fälle, die vor ihrem Weggang aus der Familie nicht unbedingt intensiv Zeit mit Straßenkindern verbrachten, aber trotzdem Bekannte auf der Straße hatten, die den Informanten beeinflussten. So erzählte A 10 von einem „großen Bruder", gemeint ist damit ein älterer Freund, durch den er überhaupt erst auf den Gedanken kam, auf die Straße zu gehen, nachdem er sich bei seinem Onkel, seine Eltern waren gestorben, nicht wohl fühlte und machte später deutlich, dass er ohne diesen wohl niemals die Familie verlassen hätte.

Auch A 9 wurde von einem Straßenkind besucht, als er bei seinem Onkel lebte, mit dem er sich gleich auf den Weg machte, seinen Bruder zu suchen, der auf die Straße gegangen war, und dann auch direkt auf der Straße blieb.

A 14 wiederum, der zuerst bei seiner Mutter aufgewachsen war, bis diese starb, dann bei seiner Großmutter lebte, bis auch diese eines Tages starb, verließ später seinen Onkel und ging zu einem Freund, den er noch aus Schulzeiten kannte und von dem er wusste, dass dieser sich inzwischen auf der Straße befand:

> «Non, je ne connaissais pas la vie de la rue. J'ai ...un ami, qui vivait dans la rue. (...) c'est lui qui m'a dit comment faire. (...) C'est lui qui me faisait, qui me montrait comment marcher, comment être avec les enfants de la rue qui étaient barbares. Bon, c'est lui, il me, il me protégeait. Il me protégeait dans la rue.» (A 14)

Ähnlich schildert dies A 16, der inzwischen bei seiner Mutter lebte, aber diese es nicht schaffte, sich um ihre Kinder zu kümmern und Bekannte auf der Straße aufsuchte, die er durch seine Arbeit auf dem Markt kennengelernt hatte:

> «Non, la premier nuit j'avais des amis. Nous étions 4. (...) C'étaient les gars du quartier. (...) C'est eux qui m'ont appris parce que moi je ne connaissais pas grand-chose.» (A 16)

Und auch A 13 nennt die «mauvaise compagnie» als einen unter mehreren Faktoren für sein Straßenleben. Außerdem bestand auch in einigen

Fällen Einfluss der Straßenkinder untereinander, die bereits bei STN waren, worauf im nächsten Kapitel näher eingegangen wird.

Als letzter Punkt der Vorgeschichte schließlich gilt es, die Schulkarrieren der Informanten noch einmal genauer zu betrachten, da wir durch die quantitativen Daten zwar über durchschnittliche Schulbildung wissen, aber nichts über die Hintergründe dieser Zahlen. Hierbei ließ sich feststellen, dass beinahe die Hälfte der Informanten, 44%, die Schule besuchten, bis sie schließlich auf der Straße landeten und dementsprechend, ab diesem Zeitpunkt, nicht mehr in die Schule gingen. Fünf der Informanten, 31%, wiederum mussten die Schule, vor ihrem Gang auf die Straße, abbrechen, da die Familien nicht mehr die Schulgebühren zahlen konnten. Drei der Informanten, 19%, brachen von selbst, ohne das Wissen bzw. die Billigung ihrer Eltern, die Schule ab, bevor sie auf die Straße gingen und es gab einen Fall, der von seiner Familie nie in die Schule geschickt worden war.

6.3 Warum haben die Informanten die Familie, bzw. ihre Fürsorgepersonen, verlassen?

Bevor diese Frage beantwortet werden kann, muss noch angemerkt werden, dass manche Informanten mehrmals irgendwo weggingen und dabei die Gründe verschieden sein konnten. So wird hier direkt auch danach geschaut, warum z.B. manche der Informanten auch wieder aus einem Foyer von STN auf die Straße gingen.

Um direkt an die, im vorigen Kapitel festgestellten, Punkte anzuknüpfen, lässt sich sagen, dass, bei ihrem ersten Schritt auf die Straße, Probleme mit den Fürsorgepersonen bzw. den allgemeinen Lebensumständen häufige Gründe waren, insofern man die Fälle der Misshandlungen darunter zählt, von denen ca. 50% der Informanten betroffen waren.

Wie bereits erwähnt, wurden A1[44], A 3 und A 5 so misshandelt, dass sie keine andere Möglichkeit sahen, aus der Familie wegzugehen, keiner

---

[44] Wobei der Fall A 1 nicht ganz klar ist, wie in obigen Fußnoten erwähnt wurde.

von ihnen hatte auch vorher irgendeine Vorstellung von „der Straße". Der Fall von A 5 scheint dabei bei weitem der extremste zu sein, der von seinem Vater beinahe umgebracht wurde und insgesamt drei Mal von zu Hause flüchtete.

A 2 wiederum wurde dann später auch dermaßen geschlagen, dass er ebenso die viele Familie erneut verließ. A 10 wurde zwar nicht von seinem Onkel, bei dem er nach dem Tode seiner beiden Eltern lebte, misshandelt und auch nur ein einziges Mal aus einem konkreten Grund geschlagen, fühlte sich dort aber ausgenutzt und beschloss daher, im Alter von 12 Jahren, wegzugehen. Ebenso ist in dieser Kategorie der Fall von A 14 zu nennen, der erst im Alter von 21 Jahren auf der Straße lande-te, nachdem er sich oft mit seinem Onkel geprügelt hatte, welcher inzwi-schen das Haus übernommen hatte, in dem A 14 zuletzt mit seiner Großmutter gelebt hatte, bis diese gestorben war.

In den Fällen von A 9 und A 16 wiederum waren es die Lebensum-stände, die letztendlich den entscheidenden Faktor bei dem Entschluss, auf die Straße zu gehen, darstellten. A 9 lebte, nach dem Tod seiner El-tern, bei dem Vater seines Halbbruders und beschrieb die Situation dort folgendermaßen, bevor er mit 13 Jahren auf die Straße ging:

> «Mon grand-frère était parti, je ne savais pas où il était parti. Après ... quelque temps un de ces amis est venu me dire que il est du côté de Ndokoti. (...) je l'ai dit que je peux pas rester seul là-bas à la maison là, je suis personne de la famille là-bas. (...) Parce que ... le père de mon grand-frère lui il ne travaillait pas. Il était à la maison toute la journée, il n'avait pas des métiers à faire. (...) On se nourrissait que les fruits qui étaient chez lui parce qu'il avait beaucoup d'arbres des fruitière là-bas.» (A 9)

A 16 wiederum erzählt, dass seine Mutter, bei der er inzwischen lebte, es einfach nicht mehr zu Wege brachte, sich um die Kinder zu kümmern, so dass er, im Alter von 16 Jahren, beschloss, sich alleine durchzuschlagen. A 13 fällt möglicherweise auch in diese Kategorie, da er auch davon er-zählte, dass es an Vielem zu Hause, bei seiner Fürsorgeperson, gemangelt habe, jedoch erzählt er teilweise recht widersprüchliche Dinge, so dass auf diesen Punkt bei ihm nicht wirklich Verlass ist.

Eine andere Gruppe, die sich heraus kristallisierte, waren die Fälle, bei denen sich von einem sogenannten „Auslöseereignis" sprechen lässt. Gewissermaßen gehören die bereits erwähnten Fälle betreffend der

Misshandlung durch die Eltern auch dazu, da die genannten Fälle stets nach einer sehr bestimmten Misshandlung, also einem bestimmten „Ereignis", die Familie verließen, wurden aber, der besseren Abgrenzung wegen, als eigene Kategorie geführt. Die, bei den anderen Informanten vorliegenden, Auslöseereignisse hatten also nichts mit erfahrener Gewalt durch die eigene Familie zu tun und sind individuell sehr verschieden. Auf der einen Seite sind solche zu nennen, die vielleicht in irgendeiner Weise absehbar waren, auf der anderen Seite stehen solche, die keine Vorgeschichte haben und teilweise schon als absurd zu bezeichnen sind. Zu ersterer Gruppe sind v.a. A 7 und A 11 zu nennen, die ja bereits teilweise im Straßenleben verhangen waren.

So hatte A 11, als er ca. 13 Jahre alt war, eines Tages, mehr oder weniger – es ist eine lange Geschichte –, Waren geklaut und hatte solche Angst erwischt zu werden, dass er beschloss, seine Stadt zu verlassen und nach Duala zu fahren. A 7 wiederum, der sich, wie bereits erwähnt, schlecht unter Kontrolle hatte, rutschte in eine Geschichte, die hier aus Anonymitätsgründen nicht detailliert werden kann und flüchtete zu seinen Freunden auf der Straße, da er überall im Viertel gesucht wurde und nicht mehr nach Hause zurückkehren konnte.

Bei A 12 nun ist direkt der Tod der Mutter als das Auslöseereignis zu nennen, da er seinen Gang auf die Straße damit begründet, dass sein Vater ihm nicht sagen wollte, woran die Mutter gestorben war.

Der Fall von A 15 nun, hängt mit dem von A 16 zusammen, da die beiden Brüder sind, die jedoch getrennt bei verschiedenen Verwandten aufwuchsen. Beide kamen in ihrem Jugendalter zu ihren eigentlichen Eltern nach Duala, A 15, da er dort die Schule weiter machen wollte, A 16, da er mit der Frau seines Onkels nicht zurechtkam. A 16 erzählte, dass sich die Mutter, der Vater war inzwischen auf sein Dorf gegangen, nicht mehr um die Kinder kümmern konnte und ging dann von selbst auf die Straße, während A 15 da blieb und sich in den Ferien Geld verdiente, um zur Schule gehen zu können. Eines Tages jedoch, im Alter von 18 Jahren, kam er nach Hause und fand plötzlich niemanden mehr dort vor. Seine Mutter hatte sich einfach mit den kleineren Geschwistern auf und davon gemacht und A 15 alleine in der Wohnung zurückgelassen. Er

blieb noch ein Jahr dort, verkaufte nach und nach alle Einrichtungsge-
genstände, um sich über Wasser zu halten und ging schließlich auf die
Straße. Sicherlich würde dieser Fall auch in die Kategorie der von den
„Lebensumständen" betroffenen passen, wurde aber nun hier genannt,
da es doch recht ungewöhnlich ist – auch in Situationen größter Armut –,
dass eine Mutter einfach ihren Sohn verlässt.

Die Fälle, welche bereits als nahezu absurd zu gelten haben, sind die
von A 6 und A 8 und noch einmal A 13. Ersterer hatte zwar Probleme mit
der neuen Frau seines Vaters, der Grund aber, warum er die Familie verließ, war ein Fehleintrag eines Lehrers auf seinem Zeugnis. Seine Eltern
nahmen einfach an, er habe das Schuljahr verhauen und unterstützten
ihn nicht in dieser Geschichte. Als er sich von seinem Vater aus auf den
Weg zu seiner Mutter machte, lernte er durch Zufall ein Straßenkind
kennen und beschloss aus Frust einfach bei diesem zu bleiben. So arbeitete er sechs Wochen in Bafoussam und fuhr dann direkt zu STN, wo er
aufgenommen wurde. A 8 nun lebte schon seit seinem zwölften Lebens-
jahr vollkommen alleine in Duala, fand sich aber gut zurecht und schaffte
es sogar, sich Geld für eine Wohnung und die Schule zu verdienen. Im
Alter von 17 Jahren wurde er dann unter merkwürdigsten Umständen
verhaftet, verlor während seinem Gefängnisaufenthalt alles und stand,
wieder in Freiheit, vollkommen mittellos, im wahrsten Sinne des Wortes,
„auf der Straße". Der dritte der erwähnten Fälle, A 13, gab als Grund an,
dass er sich im Alter von ca. sieben Jahren in Jaunde verlaufen hatte, und
schließlich bei der Polizei landete, von wo ihn ein anderer Mann einfach
mit nahm. Dort wiederum gab es nach einiger Zeit Probleme mit der
Frau dieses Mannes, so dass A 13 sich, diesmal bewusst, davon machte
und schließlich mit einem Mann nach Duala fuhr, der sich von da an um
ihn kümmerte.

Neben diesen bisher genannten Gruppen, ließ sich noch eine kleine
Gruppe der „Abenteuerlustigen" feststellen, die aus eigenem Antrieb
und ohne bestimmten Grund die Familie verließen. Dazu gehören A 2
und A 4, die, wie bereits geschildert wurde, schon dabei waren sich dem
Straßenleben anzunähern, bevor dann der endgültige Schritt folgte. Beide
verbrachten schon seit ihrem Grundschulalter immer wieder einige Tage

auf der Straße, wurden dann aber regelmäßig wieder von ihren Eltern zurückgeholt, bis sie eines Tages nicht mehr zurückkehrten und sich später auf ein „Abenteuer" begaben, A 4 im Alter von 15 Jahren und A 2 mit acht Jahren. Ersterer hatte sogar schon ein Jahr auf der Straße in seiner kleinen Stadt gelebt und sich dann, vollkommen ziellos, zu Fuß auf Entdeckungstour begeben und dabei andere Straßenkinder kennengelernt, denen er sich einfach anschloss.

Betrachten wir nun die Fälle, die von STN wieder wegliefen, um auf die Straße zu gehen, was auf immerhin sieben Jungen der Fall war, wobei angemerkt werden muss, dass eben die Fälle A 13 – A 16 niemals in einem Foyer von STN waren.

Auch hier gibt es Unterschiede festzustellen, so sahen sich A 1 und A 5 genötigt wegen Problemen mit den «grands»[45] das Foyer zu verlassen, die ihnen das Leben schwer machten.

Die anderen Fälle allerdings sind sehr interessant im Zusammenhang mit den Kategorien der „Freunde" und den „Anreizen der Straße". So verließ A 3 das Foyer wieder, um einen Freund zu begleiten, der wieder zurück auf die Straße ging. A 2, A 10, A 11 und A 12 wiederum gingen zurück auf die Straße, um dort zu Geld zu kommen, wie sie ganz offen sagten. A 2 schildert schön, wie sich die Straßenkinder untereinander beeinflussen:

> «Toujours quand d'autres viennent et ils viennent toujours dire que ... il y a des choses dans la rue, que il y a des gens qui viennent partager de l'argent dans la rue. Et comme moi aussi, je suis toujours resté au foyer XXX. J'aime de l'argent. Comme moi aussi, j'aimais de l'argent ... je suis parti avec eux et j'ai trouvé que dans la rue il n'y a rien, je suis rentré au foyer.» (A 2)

A 10 und A 12 waren gar bis zu ihrem Aufenthalt bei STN niemals in Duala auf der Straße gewesen. A 10 hatte sogar noch überhaupt keine Erfahrung mit der Straße, da er von zu Hause direkt zu STN gefahren war und dort sofort aufgenommen wurde und A 12 war angeblich vorher ebenfalls nur einen Tag auf der Straße gewesen. In diesen beiden

---

[45] Diese Begriff ist in Kamerun allgemein sehr verbreitet («C'est un grand») und drückt normalerweise Respekt aus. Im Falle der Straßenkinder wird «grand» aber auch verwendet, um ältere, auf der Straße erfahrenere Straßenkinder zu bezeichnen.

Fällen zeigten ihnen dann Bekannte aus dem Foyer, wie sie auf der Straße zu Geld kommen könnten.
Was die eigenen Erklärungen der Informanten anbetrifft, also die Eigeneinschätzung, warum der jeweilige Informant auf der Straße landete, so sind diese zu heterogen, um darin ein Muster zu erkennen, dennoch zeugen sie davon, dass im Nachhinein eine gewisse Einsicht in die jeweils auf die Straße führende Dynamik besteht, die damals noch nicht vorhanden war. Gründe, die genannt wurden sind: Freiheitsdrang, im Kontext auch zu verstehen als das Hinter-sich-Lassen von Problemen und nicht nur aus reinem Abenteurertum heraus; Freunde, die einen schlechten Einfluss ausübten; Anreize der Straße; sowie reine Gedankenlosigkeit.

6.4   Wie war die Ankunft auf der Straße?

Die Ankunft auf der Straße fand, je nach Fall, schrittweise bis plötzlich statt, wobei jeweils die bereits genannten Auslöseereignisse zu einem plötzlichen Schritt auf die Straße führten. „Schrittweise" bedeutet, dass sich der Informant nach und nach den Einstieg in das Straßenleben erschloss, „plötzlich" wiederum bezeichnet die Fälle, die von einem Tag auf den anderen auf die Straße gingen und meist noch keine Kenntnisse des Straßenlebens erworben hatten.
Zu erster Gruppe gehören definitiv die Informanten A 2, A 4, A 7, A 11A, 13 und A 16. So ging, wie bereits erwähnt, A 2 von alleine auf die Straße in seiner Heimatstadt, wurde dort oft von den Eltern wieder eingesammelt und zog dann „auf Abenteuer aus". Dort lernte er auch zum ersten Mal andere Straßenkinder kennen, denen er sich dann einfach anschloss:

«Je suis parti, non,...c'est quand j'accompagnais les gens qui partaient en aventure... les enfants XXX, c'est là que j'ai aussi remarqué qu'il y avait aussi, que j'étais pas le seul qui dormait dehors. Parce que mes parents disaient toujours, que quand on me arrêtait on me mettait à la maison, on disait, mes parents disaient toujours, eux, je suis le seul. Parce que je ne connaissais pas ce que, ce qui, ce que signifie "enfant de la rue". Moi je savais pas, je ne connaissais pas ça. Ma mère me disait que je vais être un "nan-

gaboko". J'ai dit que "Non, je connais pas ce qu'on appelle nangaboko". C'est mainte-
nant, c'est ça que j'ai, le moment que j'ai connu, il y avait, que j'étais pas le seul.» (A 2)

A 4, A 7 und A 11 hatten seit frühester Kindheit Freunde auf der Straße.
A 4 und A 11 übernachteten auch öfters mit diesen draußen. A 11 schildert anschaulich, wie sich dies entwickelte, als er gefragt wurde, ob er,
mit dem tagsüber verdienten Geld, Freizeit in Videoclubs verbracht hätte:

> «C'est ça alors qui parfois, ça me forçait de dormir dehors. Je regarde le film, je re-
> garde la montre, il y a déjà 21 heures, 24 heures, je ne peux pas rentrer. Je suis forcé de
> dormir dehors, obligé de dormir dehors. Et après, ça a pris mon sang, je dormais déjà
> comme ça. (…) Moi, ça me disait absolument rien.» (A 11)

A 13 und A 16 hatten erst in ihrer Jugend Kontakte auf die Straße bekommen, bei ersterem ist nicht ganz klar wo genau, letzterer lernte Straßenkinder aus seinem Viertel kennen, als er bereits auf dem Markt arbeitete und blieb dann nach und nach immer mehr Tage weg, bis er schließlich gar nicht mehr nach Hause zurückkehrte.

Die plötzlich auf die Straße gekommenen Fälle sind A 3, A 5, A 6, A
8, A 9, A 10, A 14[46]. Die einen gingen nach den jeweiligen Auslöseereig-
nissen auf die Straße, die anderen entschlossen, aus den ebenfalls im
letzten Kapitel erwähnten Gründen, den Schritt aus der Familie heraus
zu unternehmen und verschwanden ebenfalls von einem auf den anderen Tag. Demnach ließ sich obige Annahme, dass der Weg auf die Straße
normalerweise ein Prozess ist, nicht bestätigen, da das Verhältnis hier
sehr ausgeglichen ist.

Was die Art und Weise der Ankunft auf der Straße nun betrifft, kamen die meisten überraschend gut zurecht. Dies gilt v.a. für diejenigen,
die schrittweise auf die Straße kamen, da sie, bis auf A 2, alle Freunde auf
der Straße hatten, die sich ihrer annahmen und ihnen zeigten, wie sie auf
der Straße zu Geld kommen würden, falls dies den Informanten noch
nicht bekannt war. A 2 wiederum war regelrecht autark und konnte sich,
aufgrund seiner Straßenerfahrung, überall schnell integrieren.

Betrachten wir also nun die Fälle, die plötzlich auf der Straße anka-
men. Auch hier gab es zunächst solche, die Bekannte auf der Straße hat-

---

[46] Bei drei Fällen, war die Einordnung aufgrund der z.T. recht widersprüchlichen
Erzählweise nicht wirklich zu treffen.

ten, bevor sie auf die Straße gingen[47]. A 14 hatte einen Freund aus Schulzeiten, der inzwischen auf der Straße lebte, A 11 war zwar alleine nach
Duala abgehauen, traf aber dort sofort zufällig mehrere Bekannte aus
seiner Heimatstadt, die ihn nun in Duala einführten. Im Falle von A 9
war sein Halbbruder bereits auf die Straße gegangen und A 9 folgte diesem, sobald sich die Gelegenheit bot und lernte so wieder andere Straßenkinder kennen. A 10 nun ist der Einzige, der von zu Hause direkt zu
STN gegangen ist, da ihm ein Freund, der auf der Straße lebte, davon
erzählt hatte.

Die restlichen Fälle kannten niemanden auf der Straße. A 5 fing einfach an, auf dem Markt als Träger zu arbeiten, so wie er es oft gesehen
hatte, als er mit seiner Mutter einkaufen gewesen war und hatte lange
keinen Kontakt zu anderen Straßenkindern, integrierte sich aber zwischenzeitlich in verschiedene Gruppen, blieb aber in Duala die meiste
Zeit alleine.

A 1 fand, ebenso wie A 12, Anschluss an eine Gruppe von Straßenkindern, wobei hier durch ihre Erzählweise wenig Details festzustellen
waren und alles in sich nicht sehr klar ist. Ein gute Schilderung einer
solchen Aufnahme findet sich jedoch bei A 9, der erzählte, wie er mit
seinem Freund in einer neuen Stadt ankam und dort von einem «chef de
secteur» „empfangen" wurde:

> «Il nous a bien accueilli, parce que il a dit que la rue c'est pour tout le monde et la
> rue c'est pas un endroit où il faut taxer les gens. Si tu es là, si tu te retrouves dans la
> rue c'est parce que tu as eu des difficultés avec ta famille et il faut pas aussi que dès
> que tu arrives dans la rue on t'accueille ici avec les mauvaises humours.» (A 9)

Ebenso wenig gesichert, wie bei A 1und A 12, erscheint die Version von
A 13, der erzählte, dass er zufällig einen Mann kennenlernte, der auf dem
Weg nach Duala war und ihn einfach mitnahm, nachdem ihm A 13 er-
zählt habe er sei von dort[48]. A 6 nun traf durch Zufall, beim Umsteigen an

---

[47] A 7 ging zwar zunächst einfach zu seinen Freunden in Jaunde, wird aber hier nicht mit
aufgenommen, da er dann die Stadt verließ und sich in Duala anfangs alleine
durchschlagen musste, wo wir seine Geschichte wieder aufgreifen werden.
[48] Zweifel an dieser Version bestehen besonders daher, dass dies „zu einfach" klingt.
Außerdem ist Jaunde eine recht große Stadt und man kommt schwerlich nur durch
Zufall genau an die Ausfallstraße Richtung Duala, vielmehr ist diese Gegend ein, unter

einem Busbahnhof, er war gerade auf dem Weg von seinem Vater zu seiner Mutter, einen Jungen, dem er sein Leid – die Zeugnisgeschichte – klagte und der ihn einfach zu sich nach Hause einlud. Dort blieb er zwei Wochen, da aber sein Freund seine Familie verließ schloss er sich diesem an, welcher ihn dann in das Straßenleben einführte. Auch A 8 kam der Zufall zu Hilfe. Er hatte zwar bislang überhaupt nichts mit dem Straßenleben zu tun gehabt, war aber durch seinen Gefängnisaufenthalt in eine sehr missliche Lage gekommen und traf, gleich am ersten Tag in Freiheit, einen Bekannten aus dem Gefängnis, der auf der Straße lebte und sich seiner annahm.

A 3 war der einzige der Informanten, der gleich von Anfang an mit allen Härten des Straßenlebens konfrontiert wurde. Noch in der ersten Nacht, die er draußen verbrachte, wurde er von anderen Straßenkindern verprügelt. Auch in Jaunde, wohin er dann fuhr, war die erste Nacht ähnlich:

> «J'ai rencontré les grands, ils me menaçaient. Ils m'ont d'abord arraché l'argent que j'avais sur moi. Et la nuit, quand je dormais, ils sont venus voler mes chaussures que j'avais, quand je dormais la nuit. Les autres m'ont même déchiré l'habille. Qu'il n'y avait pas la XXX, ils m'ont déchiré l'habille, ils me tapent. On me dit que "Non, tu dois payer les taxes".»

Er kam schließlich relativ schnell bei einer Frau unter, für die er arbeitete, bis er später wieder vollends auf der Straße landete, wozu er allerdings keine Details mehr nennt.

Genau entgegengesetzt zu A 8 wiederum, gestaltete sich die Ankunft von A 7 in Duala, der zwar ebenfalls ganz alleine ankam, aber, sozusagen seinem Naturell entsprechend, sich schnell durchzusetzen wusste und eine Gruppe fand:

> «Pendant deux semaines j'étais seul, après deux semaines, c'est là où j'ai changé de secteur, j'ai trouvé un ami, nous sommes devenus des amis. Avec lui, il est devenu mon ami parce que je trouvais que on lui menaçait. Bon, je suis venu intervenir. (...) Mais le même jour il y a toujours les gens qui venaient me chercher des problèmes. Mais ils ont aussi trouvé que j'étais un petit qui aimait les problèmes, nous sommes une fois devenu des amis comme ça là.» (A 7)

---

den Straßenkindern Jaundes, sehr beliebter Ort zum Aufenthalt und Geldverdienen.

6.5 Welche Erfahrungen bestehen mit Drogen und kriminellen Praktiken?

Drogen sind bei den Straßenkindern Dualas sehr verbreitet und fast alle Informanten wussten davon zu berichten, selbst Drogen genommen, hat aber nur eine Minderheit von 31%. Drei der Informanten haben zwischenzeitlich außerdem geraucht, einer tat dies zum Zeitpunkt der Untersuchung immer noch. Im Endeffekt können jedoch nur A 4 und A 7 als Drogenkonsumenten beschrieben werden, da sie die einzigen waren, die über einen längeren Zeitraum regelmäßig Drogen zu sich nahmen. Ersterer hatte dies durch Freunde auf der Straße kennengelernt und nahm so bereits seit dem Grundschulalter regelmäßig Drogen zu sich, letzterer fing damit an, als er auf die Straße kam. Auch rauchen viele der Straßenkinder heimlich noch Marihuana in den Foyers, A 11 erzählte z.b., dass er dort das erste Mal Drogen zu sich genommen habe. Auch A 1 erzählte offen darüber, dass viele in PK 24 Marihuana rauchen und andere Jungen berichteten mir dies nebenbei, außerhalb der offiziellen Interviews.

Interessant ist besonders, dass sowohl A 4 und A 7 nicht nur Marihuana, «mbanga» genannt, rauchten, sondern auch eine andere Droge namens «gii»[49] verwendeten , die entweder geraucht oder gespritzt wird und ca. 100 CFA für eine Zigarette kostet. A 11 wiederum erzählte von einer anderen Droge namens «la taille», deren Rauch eingeatmet werde und A 9 berichtet recht detailliert über Kokain, anscheinend «caillou» genannt, dass in verschiedensten Mengen ab 1000 CFA verkauft werde und oft zusammen mit Marihuana geraucht werde. Was die Preise für Marihuana anbelangt, so kostet eine Hand voll ca. 500 CFA. Ansonsten wurde noch davon berichtet, dass auf der Straße auch Klebstoff inhaliert werde[50].

Was nun die anderen Informanten mit Drogenerfahrung angeht, so sagte A 14, dass er beides, Marihuana und «caillou», probiert habe, aber

---

[49] Möglicherweise könnte der Name auch von «l'aiguille» stammen, was sich fast genauso ausspricht und Französisch für „Nadel" ist. Da aber die Straßenkinder auch oft Douala-Wörter benutzen, würde ich dafür nicht die Hand ins Feuer legen.
[50] Bei Morelle (2007, S. 124) finden wir folgende Preise: ca. 450 CFA für eine Handvoll Marihuana; 150 CFA pro Tube Klebstoff und 25 CFA pro medikamentöser Tablette.

jeweils feststellte, dass sie „stärker" als er waren. A 3 schließlich hat Drogen nicht freiwillig konsumiert, sondern wurde von seinen „Freunden" dazu gezwungen.

Was nun Diebstahl betrifft, haben, nach eigener Aussage, nur vier der Informanten geklaut, als sie auf der Straße lebten[51]. Drei als Gelegenheitsdiebe, A 11 aber ist mit anderen in Duala sogar nachts Einbrüche machen gegangen. Auch hier kam es im Falle von A 3 und A 16 vor, dass sie gezwungen wurden, sich an Einbrüchen zu beteiligen, sich aber wehren konnten. A 9 beschreibt einige Details zu den Diebestouren seiner Bekannten:

«A Douala, moi, je n'ai même pas appris à voler. Je n'ai pas appris ça. (…) Oui, c'est même pas le vol en tant que tel. Si il y a des enfants de la rue qui volait, c'était peut-être dans la nuit, il se réveille pour voler, peut-être, les poulets. Les poules qui dorment. Le matin, ils partaient vendre. Il y a d'autres qui partaient voler rien que le fer. Pour aller peser au kilo, pour que ça les donnes de l'argent. Il y avait d'autres qui partaient pour … pour voler des fois, je sais pas, les marmites des restaurants, voler les marmites, les assiettes pour aller vendre. Les choses comme ça. Mais pas les grands vols en tant que tel. Mais moi, quand on m'appelait pour le vol là, c'était pas, j'ai jamais eu le temps à ça.» (A 9)

Zusätzlich zu den in diesem Kapitel erwähnten Fakten, gibt es auch gewisse Arbeitspraktiken, die mindestens in Grenznähe zu Kriminalität sind, auf die aber später eingegangen wird.

6.6. Warum sind die Informanten nicht mehr in ihre Familie, bzw. zu ihren Fürsorgepersonen, zurückgekehrt?

Die Gründe, warum die Informanten nicht mehr in die Familie zurückgekehrt sind, sind individuell so vielfältig wie ihre Geschichten, es ließen sich aber zwei Gruppen bilden und zwar aus jenen, die einfach nicht mehr zurück können und jenen, die dies nicht mehr wollen.

---

[51] Auch A 10 hat zwar im Laufe seines Lebens gestohlen, dies war jedoch eine einzelne Aktion, die nicht mit dem mehr oder weniger gewohnheitsmäßigen Diebstahl der anderen Informanten verglichen werden kann.

Zu erstere Gruppe gehört mit 81% die große Mehrheit der Informanten, wobei auch hier wieder die Gründe sehr unterschiedlich sind. Zum einen sind da die Fälle, welche von ihren Eltern misshandelt wurden (A 1, A 2[52], A 3, A 5, A 11[53]). Es ist klar, dass man die Kinder dort nicht einfach wieder hin schicken kann, da es nicht zu erwarten ist, dass sich das Verhalten der Eltern ändern sollte

Zum Zweiten sind da die Fälle, die einfach niemanden mehr haben, zu dem sie zurückgehen könnten (A8, A14, A 15, A 16). Ersterer, da seine Eltern tot sind, A 14, da auch er sich, nach dem Tod seiner Mutter, so mit seinem Onkel überworfen hat, dass eine Rückkehr in das Haus ausgeschlossen war und die beiden letzten Fälle, ein Brüderpaar, aus einer Familie stammen, die vor ca. 10 Jahren vollends zerfiel und sich jeder von da ab alleine zurecht finden musste.

Die übrigen drei Fälle sind komplizierter. A 9 und A 10 sind inzwischen zwar soweit, dass sie zu ihren Verwandten zurückgehen würden, jedoch will A 9 noch warten, bis er einen Ausbildungsplatz erhält, da er sich dann zumindest selbst versorgen könnte und nicht mehr auf seinen Onkel angewiesen wäre. A 10 wiederum hat nun das Problem, dass sein Onkel ihn nicht mehr aufnehmen möchte und A 7 schließlich sagte, dass er nicht zurück könne, da ihm zum einen sein Vater noch nicht verziehen habe, aber v.a. da er der Meinung ist, sich weiterhin nicht genügend unter Kontrolle zu haben.

Die drei Fälle nun, die nicht zurück wollen sind A 4, A 6 und A 12. Ersterer, da er sich zu sehr schämt, so zu seinen Eltern zurückzukehren, A 6, da er immer noch über die Zeugnisgeschichte böse ist und letzterer, da er der Meinung ist, im Foyer auch insgesamt ein besseres Leben zu haben, als bei seinem Vater.

---

[52] A 2 wird hier nun dazu gezählt, da er zwischenzeitlich auch wieder bei seinen Eltern war, sich nun aber das Verhältnis grundlegend zum Schlechten gewandelt hat und er anscheinend unbegründet oft sehr schlimm geschlagen wurde.

[53] A 11 kann auch in diese Kategorie gezählt werden, da die rigiden Erziehungsmaßnahmen seines Vaters der Grund sind, warum er noch bei STN lebt. Die Erzieher und er selber waren der Meinung, dass dies die bisher recht erfolgreiche Resozialisierung leicht gefährden könne.

6.7 Was war die Motivation zu STN zu gehen, bzw. sich eine Wohnung zu suchen?

Wie oben erwähnt, waren zwölf der Informanten zum Zeitpunkt des Interviews bei STN, zwei lebten auf der Straße und zwei weitere wurden mir als Straßenkinder vorgestellt, es stellte sich aber heraus, dass diese, jeweils seit einigen Monaten, ein Zimmer angemietet hatten[54].

Die Informanten von STN verließen fast alle aus eigenem Antrieb die Straße, A 3 und A 4 z.b. waren der Meinung, nicht ewig so weitermachen zu können und wollten etwas für ihre Zukunft tun. Ebenso kamen ja A 6, A 10 und A 12 direkt zu STN, ohne vorher jemals das Straßenleben in Duala kennengelernt zu haben, da sie davon gehört hatten, dass es eine Organisation gäbe, die sich um Kinder in Problemsituationen kümmere. A 5 und A 9 hatten vorher noch nie etwas von STN gehört, zögerten aber bei der ersten Gelegenheit nicht, als sie von der Organisation erfuhren, dort aufgenommen zu werden und A 8 sah dies als Möglichkeit an, wieder einen Neuanfang zu machen, nachdem er durch seinen Gefängnisaufenthalt alles verloren hatte. Auch A 11 ließ sich schließlich von einem Freund überreden und sagte, dass er nach drei Monaten auf der Straße einfach „müde von der Straße" war. In den Fällen A 1 und A 2 ist die genaue Motivation nicht ganz klar, beide hatten aber anscheinend auf der Straße ernste Schwierigkeiten mit andern Straßenkindern, so dass der Gang zu STN wohl eher als Flucht anzusehen war. Auch A 7 hatte schon länger Kontakte zu Schwester Marie, hatte sich aber immer geweigert zu STN zu gehen, jedoch entschloss er sich schließlich zu diesem Schritt, nachdem er zum ersten Mal verhaftet wurde und einige Zeit im Zentralgefängnis von New Bell verbracht hatte.

A 15 und A 16 nun, hatten, zum Zeitpunkt des Interviews, seit drei bzw. sechs Monaten ein Zimmer angemietet. Ersterer gibt keinen besonderen Grund dafür an, aber letzterer erzählte, dass seine, zu diesem Zeit-

---

[54] Sie bezeichneten sich aber selbst weiterhin als Straßenkinder, da ihre Situation noch nicht gefestigt sei. Wie oben geschildert, lassen hier die Konzepte von Williams (1993) oder Glauser (1990) eine Kategorisierung als Straßenkind weiterhin zu, ebenso wie die Definition von Morelle (2007, S. 19 f.).

punkt neun Monate alte, Tochter der Grund für ihn war, sein Leben zu ändern.

7 Straßenkinder in Kamerun

In diesem Kapitel wird nun der Forschungsstand zum Leben von Straßenkindern in Kamerun, Duala im Speziellen, betrachtet. Dabei wird auf verschiedene Aspekte des Themas, jeweils in einzelnen Unterkapiteln, näher eingegangen. Bevor dies jedoch geschieht wird ein knapper historischer Exkurs zum Straßenkinderphänomen in Afrika stattfinden, was bislang in Untersuchungen zum Straßenkinderphänomen dieses Kontinents nur partiell geschehen ist. Die möglichen historischen Wurzeln des Phänomens sollen hier nicht breit diskutiert, zumindest aber kurz aufgezeigt werden. Afrika deshalb, da zu Kamerun speziell noch keine historische Forschung in Bezug auf dieses Thema existiert, man aber gewisse Parallelen der Entwicklung afrikanischer Länder, z.b., wie gezeigt, bezüglich der Urbanisierung, durch die geteilte Erfahrung der Kolonisation und ihrer weitreichenden Nachwirkungen, als gegeben annehmen kann.

7.1 Ein historischer Exkurs: Straßenkinder in Afrika

Die historische Perspektive in der Betrachtung des Straßenkinderphänomens in Afrika wird allgemein vernachlässigt. In nur wenigen Untersuchungen wird überhaupt darauf eingegangen und dies dann größtenteils sehr knapp. So wird bei Wondimu (1997, S. 293) nur erwähnt, dass die Anzahl der Straßenkinder Äthiopiens in den letzten zwei Jahrzehnten stark angestiegen sei, Plummer et al. (2007, S. 1521) berichten, dass es in Khartum (Sudan) vor 1984 kaum Straßenkinder gegeben habe, oder Bibars (1998, S. 201) schreibt einfach, dass das Straßenkinderphänomen in Ägypten „relativ neu" sei.

Ein wenig ausführlicher beschreibt Morelle (2007, S. 51 ff.) die Entwicklung des Phänomens für Jaunde (Kamerun). Demnach wurden Straßenkinder erstmals Anfang der 1990er in den lokalen Medien erwähnt, der erste offizielle Regierungsbericht datiert auf 1993. Dies heißt jedoch nicht, dass es sie vorher nicht gegeben hätte, denn das Phänomen wurde, wie bereits oben genannt, schon Mitte der 1980er bei der Konferenz von Grand-Bassam (Elfenbeinküste) international diskutiert. Zudem wurde bereits 1975 in Jaunde das erste Heim für straffällige Jugendliche in Kamerun eröffnet, welches in der Folge zu einem Heim für Straßenkinder wurde. Morelle zufolge gibt der Großteil der Bürger an, das Phänomen erstmals im Zuge der Wirtschaftskrise der 1980er Jahre bemerkt zu haben, einige wiederum sind der Meinung, dass Straßenkinder schon immer ein fester Bestandteil der Stadt gewesen seien. Außerdem nennt Morelle Studien aus anderen Ländern, denen zufolge der Beginn des Straßenkinderphänomens in Lomé (Togo) auf 1945/46 datiert wird, in Abidjan (Elfenbeinküste) auf Mitte der 1960er Jahre und in Harare (Simbabwe) erst 1989 in Erscheinung getreten sei[55].

Auch Young (2004, S. 475) geht etwas mehr auf diesen Punkt bei ihrer Untersuchung über Straßenkinder in Kampala (Uganda) ein. Demnach seien die sogenannten "market boys" in den 1970er Jahren die ersten notierten Fälle von Straßenkindern, auch wenn man sie noch nicht so nannte. Im Laufe der 1980er stieg jedoch die Zahl obdachloser Kinder in den Städten dramatisch an[56] und der Begriff „Straßenkinder" bürgerte sich als Bezeichnung für diese ein.

Diese historische Vernachlässigung mag größtenteils dadurch zu erklären sein, dass der Begriff „Straßenkinder", wie oben gesehen, sich erst in den 1980er Jahren international durchsetzte und man historisch eine Vielzahl anderer Begriffe verwendete, wie beispielsweise straffällige oder verwahrloste Jugendliche, obdachlose Kinder, "market boys" etc. (Adick, 1997, S. 8; Bibars, 1998, S. 201; Young, 2004, S. 475) und sich das Straßenkinderphänomen damit begrifflich innerhalb anderer, nicht auf Straßen-

---

[55] Marguerat (2002); Gervais-Lambony (1994, S. 422).
[56] In Folge der Terrorherrschaft Idi Amins (1971-79) verloren eine halbe Millionen Ugander ihr Leben, 800 000 Waisenkinder blieben zurück (s. Young, 2004, S. 475).

kinder spezialisierter, Literatur „versteckt". Dennoch bedeutet dies ebenso, dass zu erwarten ist, besonders in sozialgeschichtlichen und historischen, sozialpädagogischen Werken, Hinweise auf das Straßenkinderphänomen zu finden (vgl. Adick, 1997, S. 8), was bisher in der Straßenkinderforschung in Bezug auf Afrika kaum beachtet wurde. Diesen
Schritt hier zu unternehmen ist nicht Ziel dieser Arbeit, dennoch wird
kurz darauf eingegangen, denn der Afrika-Historiker John Iliffe hat mit
seinem 1987 erschienen Buch "The African poor: A history" bereits wichtige Hinweise darauf geliefert, dass das Straßenkinderphänomen in Afrika bedeutend älter ist, als gemeinhin angenommen wird, welche aber
bislang ignoriert wurden und daher hier kurz betrachtet werden.

Demnach gab es bereits im 19. Jahrhundert im Südwesten des heutigen Nigeria Kinder, die sich alleine in Städten durchschlugen und oft
religiösen Gemeinschaften anschlossen. Ein Phänomen, das bereits bei
den oben genannten «talibés mendiants» im Senegal erwähnt wurde. Aus
Lagos (Nigeria) datieren Berichte von Kindern, die in Gruppen von 8-10,
aus Hunger Essen klauten auf 1916. 1941 wurde ein gewisser Donald
Faulkner sogar von offizieller Seite beauftragt eine Studie über die Situation der "vagrant boys" in Lagos durchzuführen, von denen er hunderte
an verschiedensten „Schlafplätzen" wie Parks, Bahnhöfen, Märkten und
Friedhöfen ausmachte (Illife, S. 187). Ein Auszug aus seinem Bericht lässt
keine Zweifel daran, dass es sich dabei um solche Kinder handelt, die
heute als Straßenkinder bezeichnet werden würden:

> "Here at night come stealthy figures. (...), smoking cigarettes, with money chinking
> in their pockets. They are desperadoes of 12-14 years of age who make this graveyard
> their home, stealing food from the market places, cooking and eating it communally in
> the evening, later sleeping out under the stars. Their days are spent in gambling and
> loafing, pimping for prostitutes, and picking pockets." (Faulkner (1950?), zitiert in
> Iliffe, 1987, S. 188)

Auch aus anderen Teilen Afrikas führt Iliffe Belege von obdachlosen
Kindern an (ebenda). Aus Freetown (Sierra Leone) wird in den 1920er
von „Gassenjungen" berichtet und in Adis Abeba (Äthiopien) von "street
boys". In Nairobi (Kenya) wurde bereits 1934 von der Heilsarmee ein
„Zentrum für mittellose Kinder" eingerichtet und im Zentrum Accras

(Ghana) wurden 1953, in nur einer Nacht, fast 60 Kinder unter 12 Jahren schlafend aufgegriffen.

Als mögliche Gründe für dieses Phänomen werden vom Autor v.a. zwei Punkte hervorgehoben. Erstens die Hoffnung auf Bildungsmöglichkeiten in der Stadt und zweitens der Auseinanderfall von Familien im städtischen Milieu[57].

Vor allem hebt Iliffe die familiäre Rolle der Kinder hervor, die in der Stadt nicht grundlegend verändert wurde, aber eine gewisse Rekonfiguration erfuhr. So ist Kinderarbeit in Afrika historisch eher die Regel als die Ausnahme gewesen und Kinder hatten traditionell spezifische Beiträge zum Haushalt zu leisten, z.b. Fischen, Ziegen hirten, Wasser holen, Kochen, etc. (Le Vine et al., 2008, S. 373).

In der Stadt nun änderte sich die Natur der Beiträge der Kinder dahingehend, dass Kinder bezahlte Arbeit aufnahmen, Mädchen v.a. als Hausmädchen und Essensverkäuferinnen, Jungen als Zeitungsverkäufer, Nachtwächter, Lastenträger etc. Aderinto (2000, S. 1200) sieht hierin den großen Bruch traditioneller afrikanischer Gesellschaften mit ihren Kindern, da die oben beschrieben traditionellen Arbeiten immer unter der Aufsicht oder gar mit Kooperation der Eltern geschehen seien, nun jedoch fänden sich die Kinder alleine auf sich gestellt in den Straßen einer Großstadt wieder. Dies ging sogar soweit, dass Kinder extra für die Arbeit in die Städte „importiert" wurden (Iliffe, 1987, S. 165), was oft unter dem Deckmantel des sogenannten "fostering"[58] geschah und dementsprechend offen für Missbrauch war und eher dem, in Westafrika verbreiten, "pawning"[59] ähnelte (ebenda, S. 186).

---

[57] So war das Stadt-Land-Gefälle hinsichtlich dem Vorhandensein von Bildungsinstitutionen in der frühen Kolonialzeit sehr groß, was viele Eltern veranlasste, ihre Kinder in die Stadt zu schicken und die sozialen Probleme in Folge rapider Urbanisation und Wanderarbeit werden in jedem Standardwerk zur Geschichte Afrikas ausführlich geschildert.

[58] Eine in Westafrika übliche Praxis, Kinder zu anderen Erwachsenen zu schicken, um diese dort etwas lernen zu lassen, welche sich aber im frühen 20. Jahrhundert immer mehr in ein reines Ausbeutungsverhältnis verwandelte. Oft wurde die „Aufnehmer" durch die Arbeit der fremden Kinder entschädigt, z.B. als Hausmädchen während der Lohn an die Eltern des Kindes ging. (siehe Iliffe, 1987, S. 186)

[59] Eine der Sklaverei verwandte Praxis, bei der einzelne Personen, meistens Kinder, als „Pfand" des Schuldners zum Gläubiger gegeben wurden und nach einer festgesetzten

Zusammenfassend lässt sich also festhalten, dass das Straßenkinderphänomen in Afrika vermutlich in der raschen Urbanisierungsphase zu Beginn des 20. Jahrhunderts seinen Ursprung hat und eng mit der familiären Rolle der Kinder zusammenhängt, welche diese, in Städten, in besonders marginalisierte Positionen abdrängte und beides zusammen somit einen strukturellen Rahmen für das Straßenkinderphänomen bildete. Natürlich erklärt dies nicht, warum Kinder definitiv auf der Straße landen und lässt auch nur begrenzt Rückschlüsse auf die heutige Situation zu, zeigt aber auf, dass das Phänomen vermutlich nicht erst in der Wirtschaftskrise der 1980er entstand, sondern anscheinend von Beginn an, zumindest aber spätestens nach dem 2. Weltkrieg, ein Bestandteil afrikanischer Großstädte war. Dies kann dementsprechend auch für Kamerun angenommen werden.

7.2 Die heutige Situation der Straßenkinder in Kamerun

Im Folgenden wird nun zuerst kurz die Anzahl und das Alter der Straßenkinder betrachtet, woraufhin im Anschluss daran ein Überblick über die allgemeine Lebenssituation der Straßenkinder und einiger Aspekte des Straßenlebens gegeben wird, um so eine Vorstellung davon zu vermitteln, wie diese eigentlich leben. Zuletzt werden die Bemühungen der Regierung zur Bekämpfung des Straßenkinderphänomens betrachtet.

7.2.1 Anzahl, Herkunft, Geschlecht

Wie im vorherigen Kapitel herausgearbeitet, kann man davon ausgehen, dass das Straßenkinderphänomen in Kamerun schon seit spätestens Mitte des 20. Jahrhunderts besteht, obwohl es für diese These bislang an konkreten Beweisen fehlt. Die aktuelle Zahl der Straßenkinder in Kamerun lässt sich schwer bestimmen, die UNICEF ging jedoch im Jahre 2003 von

---

Frist als „Besitz" des Gläubigers galten, sollte der Schuldner unfähig sein die Auslöse fristgerecht zu bezahlen. (siehe Igbafe, 1975, S. 414).

einer Anzahl von insgesamt 1659 in den fünf größten Städten (Duala, Jaunde, Ngaoundere, Maroua, Garoua) aus (UNICEF, 2003; dargestellt in Spitzer, 2005, S. 21). Auf der Internetseite des Kamerunischen Staatssenders "Cameroon Radio and Television" (CRTV) findet sich ein Artikel, der eine Untersuchung des "Ministry of Social Affairs" (MINAS) zitiert und für Duala und Jaunde die Zahl von 450 Straßenkindern angibt (Essono, 2008), während bei Matchinda (1999, S. 247) eine Untersuchung des "Ministry of Social and Women's Affairs" zitiert wird[60], welche die Zahl der Straßenkinder in Jaunde auf 900 beziffert. Diese Zahlen erscheinen jedoch im Vergleich sehr niedrig. So nennt Essono (2008) eine weitere Studie, einer lokal ansässigen NGO in Jaunde, die von 10 000 Straßenkindern in der Stadt ausgeht. Auch wird bei Pefok (2006) von „alarmierenden Proportionen" von Straßenkindern in Duala berichtet und Pirot (2004, S. 42) zufolge geht man in Duala von 3000-5000 Straßenkindern aus, die lokal unter dem Namen *nangaboko*[61] bekannt sind. Die Verwirrung über die Anzahl der Straßenkinder liegt vermutlich zu einem nicht geringen Teil an der Uneinigkeit betreffend der Begriffsdefinition, nach eigener Einschätzung halte ich die Zahlen von Pirot (2004), mit Tendenz nach unten, am realistischsten.

Die Straßenkinder Dualas kommen aus den unterschiedlichsten Gegenden des Landes und sind auch ethnisch sehr gemischt. Statistiken von «La chaîne des Foyers Saint Nicodème» (STN) zufolge, stammen ca. 50% der Straßenkinder Dualas aus der Stadt selbst oder der zugehörigen Provinz «Littoral», während 45% aus den anderen neun Provinzen des Landes stammen, der Großteil allerdings aus den drei nördlichen Provinzen «Adamaoua, Nord, Extrême Nord» und nur zu sehr geringem Teil aus den zwei anglophonen Provinzen "Southwest" und "Northwest". 5% kommen aus Nachbarländern, v.a. dem Tschad und der Zentralafrikanischen Republik (dargestellt in Pirot, 2004, S. 46). Ähnlich ist auch die Herkunft der Straßenkinder in Jaunde, die ebenfalls zu hohen Anteilen

---

[60] Ministry of Social and Women's Affairs & Cameroon Federation of Churches and Evangelization Missions (1993)
[61] Der Ausdruck stammt aus der Douala-Sprache (Douala kennzeichnet die ethnische Gruppe, nicht die Stadt); *o boko* bedeutet so viel wie „draußen" und *nanga* „schlafen". Die Straßenkinder sind somit diejenigen, „die draußen schlafen" (Morelle, 2007, S. 27).

aus der Stadt bzw. der Umgebung oder den drei Nordprovinzen stammen (Morelle, 2007, S. 65). Pirot (2004, S. 46) sieht die Ursache für die
Beliebtheit Dualas v.a. darin, dass die Stadt als Ort des «argent facile»
bekannt ist, wo jeder vom schnellen Geld träumt. Genauso schildert z.B.
A 3 seine Gründe dafür, nach Duala zu gehen:

> «Il m'a, il m'a dit que "Non", il m'a menti là-bas à Yaoundé que "Non, Douala est
> bien, si j'étais là, je serai riche". Donc je voulais de l'argent, bon moi-même, comme je
> voulais être riche un peu parce que Yaoundé m'a menacé trop.» (A 3)

Ebenso hebt Pirot (ebenda), wie Morelle (2007, S. 172), die vergleichsweise gute Verkehrsinfrastruktur zwischen den größten Städten Kameruns
hervor, welche es den Kindern somit überhaupt ermöglicht, sich geografisch so weit von ihren Heimatorten zu entfernen. In dieser Untersuchung waren ebenso mehr als 50% der Stichprobe irgendwann nach Duala „zugezogen" und einige, drei Fälle um genau zu sein, machten regel-
rechte Touren und bereisten verschiedene Städte des Landes, zwei Fälle
sogar zu Fuß und legten dabei mitunter beachtliche Distanzen von bis zu
150 km Luftlinie zurück. Die Beweggründe für diese Mobilität waren
nicht immer feststellbar, neben der Anziehungskraft von Duala, spielten
aber auch klassisches Weglaufen, im Sinne von Problemvermeidung
durch Ortswechsel, und sogar pure Reiselust eine Rolle.

Der Jungenanteil der Straßenkinder Dualas liegt bei mindestens 90%,
die Gründe dafür sind bereits oben dargelegt worden. Das Durchschnittsalter gibt Pirot (2004, S. 48) mit 12 Jahren an, bezieht aber dabei
nur solche Straßenkinder bis 17 Jahre mit ein, was, wie oben diskutiert
wurde, zu Verzerrungen führt und Einiges dafür spricht, dass man das
tatsächliche Durchschnittsalter erheblich höher einschätzen kann. So fällt
zum Beispiel auf, dass viele der bei Morelle (2007) zitierten Straßenkinder
erheblich älter sind[62], ebenso stellt Matchinda (1999, S. 245) fest, dass
besonders häufig Jugendliche ab 15 Jahren den Weg auf die Straße wäh-
len und charakterisiert 79% von den 210, in die Studie aufgenommenen
Straßenkindern, als "young people in their adolescense" (ebenda, S. 249).

---

[62] Morelle geht allerdings nirgends darauf ein, wie viele Kinder interviewt wurden und
diskutiert auch die Frage eines Altersdurchschnitts nicht. Es bleibt also nur dieser
subjektive Eindruck für die Argumentation.

Zudem wurde auch in dieser, zugegebenermaßen kleinen, Studienpopulation, ein Altersdurchschnitt von 18, 7 Jahren ermittelt.

7.2.2 Aufenthaltsorte, Einkommensquellen

Die Straßenkinder halten sich hauptsächlich auf den großen Straßen und Plätzen des Stadtzentrums, auf Märkten und Busbahnhöfen bzw. Bahnhöfen auf, da dies die Orte sind, an denen sich die besten Möglichkeiten ergeben, durch Betteln, Diebstähle oder kleine Jobs zu Geld zu kommen. In Duala sind hier vor allem das Geschäftsviertel Akwa, das Verwaltungsviertel Bonandjo, sowie die großen Märkte von New Bell und Ndokoti als übliche Aufenthaltsorte hervorzuheben (Pirot, 2004, S. 49), außerdem sind viele Straßenkinder an den großen Verkehrsknotenpunkten anzutreffen, besonders am Rond-Point Deido oder dem Busbahnhof von Bonaberi. Genauso ist das Stadion Mbapelepe, in Akwa gegenüber der Kathedrale gelegen, ein nahezu allen Straßenkindern bekannter und viel benutzter Schlafplatz.

Es stellte sich in dieser Untersuchung außerdem heraus, dass die Kinder auch innerhalb der Stadt recht mobil sind und häufiger ihren „Sektor"[63] wechseln.

Dabei ist jedoch eine Trennung der Aktivitäten und Aufenthaltsorte nach Alter der Straßenkinder festzustellen. Morelle (2007, S. 129) stellt über die Situation in Jaunde fest, dass Märkte v.a. die Domäne der Jüngeren sei, die aufgrund ihres harmlosen Äußeren auf Mitleid setzen könnten, während der Job des „Autobewachens"[64] fest in Händen der Älteren sei. Auch schildert Pirot (2004, S. 51 ff.) diese Aufteilung für Duala ähn-

---

[63] Dieser Ausdruck wurde von den Informanten selbst immer wieder verwendet und zeigt damit, dass die Straßenkinder sozusagen über eine mentale Karte der verschiedenen Straßenkinder-Sektoren verfügen und erstaunlich gut organisiert sind. So findet man praktisch in jedem Sektor den sogenannten «chef de secteur», öfter passierte es mir sogar, dass sich mir gegenüber Straßenkinder mit ihrer Position, als z.B. «premier secrétaire» oder gar «président» ,vorstellten.

[64] Der Autobesitzer zahlt eine „Parkgebühr" an den Bewacher, der dafür das Auto nicht aufbricht, oder sonst wie beschädigt; eine übliche Praxis in den Zentren Dualas und Jaundes; drei der Informanten waren z.B. in dieser „Branche" tätig.

lich. Demnach sei Betteln gehen für die Straßenkinder bis zu zehn Jahren am lukrativsten. Ab ca. 12 Jahren ändere sich jedoch die Situation dahingehend, dass sie nicht mehr als klein und hilflos wahrgenommen würden und daher oft gezwungen seien kleine Jobs im informellen Sektor aufzunehmen. Mit zunehmendem Alter verdienten sie sich dann Geld als Lastenträger „Autobewacher"[65]. In der hier durchgeführten Untersuchung waren Träger auf dem Markt, Autos waschen und Gegenstände sammeln (Plastikflaschen oder Eisen) die am häufigsten genannten Einkommensquellen.

Auch hier ist es schwierig Zahlen anzuführen, man kann aber davon ausgehen, dass nahezu alle Straßenkinder, zumindest zeitweise, irgendeiner Form von bezahlter Beschäftigung nachgehen (Betteln dazugerechnet), die sich i.d.R. im informellen Sektor abspielen. So stellte sich in dieser Untersuchung heraus, dass ausnahmslos alle der Informanten, im Laufe ihrer Zeit auf der Straße, irgendeiner Art von unqualifizierter Arbeit nachgingen, oft auch mehrere Jobs parallel machten oder sukzessive von einem zum anderen wechselten. Vergleichszahlen sind rar, Olley (2006, S. 275) jedoch fand über Straßenkinder in Ibadan (Nigeria) heraus, dass von 169 befragten Straßenkindern alle irgendeinen Job hatten, ebenso gaben bei Aderinto 100% (2000, S. 1210, N = 202) in Ibadan und Lagos (Nigeria) an zu arbeiten und bei Kudrati et al (20008, S. 441), in Khartum (Sudan), immerhin 62%. Eine Sonderform der Beschäftigung stellt die Prostitution dar, welche fast ausschließlich weibliche Straßenkinder betrifft, der aber fast alle Mädchen auf den Straßen Dualas nachgehen (Pirot, 2004, S. 55), einer der Informanten (A 7), der selbst häufig Prostitu-

---

[65] Dieser Beruf steht in einer Reihe mit ähnlich marginalen Jobs, die als Einkommensquelle von der sozialen Unterschicht gewissermaßen erfunden wurden, von der Regierung bisher toleriert werden und dadurch zu charakterisieren sind, dass sie Dienstleistungen anbieten, die eigentlich niemand will, sich dieser dennoch aber bedienen muss und die damit schon fast als kriminell zu bezeichnen sind. Andere Beispiele sind der Job des „Erwaters" am Flughafen, der zimperlichen Ankömmlingen das Gepäck aus den Händen reißt, den Weg zum Taxi weist und dafür eine fürstliche Entlohnung einfordert, oder der sogenannte "bringman" bzw. «chargeur», der einen an Busbahnhöfen und Verkehrsknotenpunkten empfängt und in Bus oder Taxi setzt, wofür er wiederum Geld vom Fahrer einfordert.

ierte aufgesucht hatte, erzählte, dass bereits Mädchen ab 15 Jahren diesem Gewerbe nachgingen.

Aussagen zum „Einkommen" der Straßenkinder lassen sich schwer verifizieren, aber bei Morelle (2007, S. 103) wird ein Durchschnitt von 500 –2000 CFA pro Tag genannt, wobei die jüngeren Straßenkinder weniger verdienen würden als die älteren. Pirot (2004, S. 93) wiederum argumentiert dafür, dass gerade die Jüngeren durch Betteln sehr viel Geld bekommen könnten, bis hin zu 10 000 CFA am Tag! Auch in der hiesigen Untersuchung stellte sich heraus, dass es, für die meisten Straßenkinder, kein allzu großes Problem darstellte, an Geld zu kommen. So gaben manche der Informanten an, täglich folgende Summen verdienen zu können: 1500 CFA, 4000 CFA, 3000-5000 CFA, 6000 CFA bis hin zu sogar 11 000-15 000 CFA in einem Falle, es erschien aber tendenziell dabei so, dass die Älteren mehr zu verdienen scheinen.

7.2.3 Kriminalität

In Bezug auf das „Einkommen" ist definitiv auch Kriminalität zu nennen. Dies geht so weit, dass z.B. Matchinda (1999, S. 245) gleich in ihrem Abstract Straßenkinder synonym zu "delinquent youths" verwendet, aber betrachten wir zuerst die Fakten, bevor wir diese Aussage zurückweisen oder bestätigen.

Wie oben gesehen, sagten 25% der Informanten, dass sie aktiv an Diebstählen bzw. Einbrüchen beteiligt waren und auch einige der durchgeführten Jobs weisen teilweise eine gewisse Nähe zur Kriminalität auf. Pirot (2004, S. 54) nennt Kleinkriminalität, vor allem Diebstahl von Lebensmitteln, als übliches Delikt, schreibt aber ebenso, dass es auch relativ professionelle Gangs gäbe, die v.a. Einbrüche in Geschäften und Wohnungen vornähmen. Bei Morelle (2007, S. 134 ff.) finden wir außerdem Interviewausschnitte, in denen Straßenkinder von Diebstählen, Einbrüchen und Überfällen berichten[66]. In Anlehnung an die oben erwähnte

---

[66] Zudem kam ich selbst einige Male in Duala in „überfallartige Situationen", auch am helllichten Tag auf belebten Straßen. In Duala benutzt man dafür das Verb «agresser»

Studie von Durang (2003, zitiert in Morelle, 2007, S. 198), nach der sich 40 % der Bevölkerung Jaundes unsicher fühlen, bilanziert sie somit:

> «La peur qu'ils inspirent [die Straßenkinder, Anm. d. V.] permet donc aux enfants de s'imposer. Les habitants doivent composer avec eux s'ils veulent traverser le centre-ville, un marché ou un gare. (...) Dans ce contexte, les enfants contribuent largement à la carte mentale de l'insécurité et du sentiment d'insécurité.» (Morelle, 2007, S. 195)

Auch in anderen Untersuchungen zu Straßenkindern in Afrika wird dieser Punkt immer wieder genannt (z.B. Bourdillon, 1994; Bibars, 1998, S. 202 u. 522; Plummer et al., 2007, S. 1525), ohne allerdings genauer auf die Dimensionen des Phänomens einzugehen. Eine Ausnahme finden wir bei Olley (2006, S. 277) und Lalor (1999, S. 765). Ersterer stellte in einer Untersuchung zum Sozialverhalten von Straßenkindern in (Ibadan) Nigeria fest, dass fast 70% der Straßenkinder stehlen, von den Unter-18-Jährigen sogar 83 %. Letzterer wiederum unterscheidet, im Falle Äthiopiens, noch einmal genauer und stellt fest, dass jüngere Straßenkinder von 10-12 Jahren nur in kleinen Maßstäben stehlen, um die Grundbedürfnisse zu befriedigen, während ältere ab 15 Jahren in größerem Maßstab klauen und wesentlich konfrontativer dabei vorgehen.

Somit muss man zwar eingestehen, dass Matchinda (1999) tendenziell mit ihrer Einschätzung richtig liegt, aber, v.a. in der Hinsicht darauf, dass, wie oben gesehen, ein hoher Prozentsatz der Straßenkinder ebenso tatsächlich arbeitet, eine solche Gleichsetzung zu simpel ist.

Durch diese kriminellen Praktiken jedoch werden sie auch von der Bevölkerung zumindest als potentielle Kriminelle wahrgenommen und dementsprechend gemieden und verachtet[67]. Einer der Informanten be-

---

(dt. angreifen), was die Methode gut beschreibt, da es sich weder um einen bewaffneten Überfall im eigentlichen Sinne handelt, obwohl die Straßenkinder z.T. Messer mit sich tragen, und man normalerweise auch nicht niedergeschlagen wird, die ganze Aktion aber entsprechend aggressiv und schnell abläuft.

[67] Dies ist vor allem unter der Perspektive nur allzu gut nachzuvollziehen, da viele Menschen in Kamerun sehr hart arbeiten müssen und trotzdem finanziell nie auf einen grünen Zweig kommen. Dazu ein anschauliches Beispiel für diesen „verständlichen Sozialneid": Am Flughafen Duala holte ich einen Bekannten ab. Am Taxi wurden wir von einer Gruppe Straßenkinder „aggressiert" und konnten uns irgendwie durch geschicktes Geldverteilen und einen schnell reagierenden Taxifahrer noch relativ unbeschadet aus der Affäre ziehen. Der springende Punkt hierbei ist die Perspektive des Taxifahrers: Dieser verdient sich sein Geld auf ehrliche Weise und sieht dabei zu,

schrieb dies z.b. anschaulich, als er erklärte, warum er paradoxerweise dahin gehen wollte, wo es keine Straßenkinder gibt:

> «Je suis parti à Edea parce que c'était une ville que il n'y avait pas le désordre là-bas. (...) Les bandits, il n'y a pas beaucoup des nangaboko là-bas, les enfants qui dorment dehors. (...) Parce que quand vous étiez si beaucoup, quand vous étiez beaucoup les enfants de la rue, ça se présentait pas bien. On, tellement comme on vous appelle "les bandits", vous n'êtes pas les bandits mais on vous appelle "les bandits", "c'est vous qui agressez les gens dans la nuit". C'est comme ça, on vous regarde mal.» (A 9)

Auch begeben sich die Straßenkinder bei Diebstählen mitunter sogar in Lebensgefahr. In den Städten Kameruns ist Lynchjustiz, die sog. «justice populaire», durch die Bevölkerung weit verbreitet (siehe z.b. Ngoh, 2008). Diebe werden, sollten sie erwischt werden, von der Menge verprügelt, oft totgeschlagen und nicht selten sogar an Ort und Stelle verbrannt[68]. Die einzige Chance besteht für den Dieb darin, zu einer Polizeistation zu flüchten. Einer der Informanten erzählte z.b. von einem Freund, der so umgekommen sei. Morelle (2007, S. 199 f.) erklärt dieses Phänomen dadurch, dass sozusagen zwei Justizapparate parallel existierten, der des Staates und da, wo dieser nicht mehr hinreiche, die des Volkes. Viele Bürger seien davon überzeugt, dass die Polizei sich bestechen lasse und die Diebe einfach wieder auf freien Fuß setze, daher nähmen sie lieber selbst die Initiative in die Hand und setzten somit ein Zeichen der Stärke ihres Viertels, welches sich gegen Kriminelle zu Wehr setze.

7.2.4 Alltagsleben

Das Leben auf der Straße ist durch Gewalt geprägt (Pirot, 2004, S. 83). Zum ersten ist die Gewalt der Straßenkinder untereinander zu nennen, welche bei weitem die häufigste ist. Fast aller der Informanten haben mit

---

wie jugendliche Kleinkriminelle innerhalb von einer Minute zu Geld kommen, für das er möglicherweise stundenlang arbeiten muss.

[68] Die Anzahl der Toten solcher Lynchjustiz ist unbekannt, aber nahezu alle Kameruner kennen dieses Phänomen und weisen darauf hin, dass man mit dem Ausdruck «voleur» (Dieb) in der Öffentlichkeit sehr vorsichtig umgehen sollte. Ich selbst habe solche Szenen bereits mehrere Male in Duala zu sehen bekommen, was darauf schließen lässt, dass solche Hinrichtungen in der Tat nicht selten sind.

dieser Form der Gewalt ihre Erfahrungen machen müssen, wobei besonders die Jüngeren unter den älteren Straßenkindern, den «grands», zu
leiden haben, welche den Kleinen häufig einfach Geld und Wertgegen-
stände wegnehmen und sie verprügeln. Morelle (2007, S. 121, 128) zufolge müssten sie sich somit, zum eigenen Schutz, mit den Älteren arrangie-
ren und werden dabei ausgebeutet, auch sexuell. So erzählte auch einer
der Informanten davon, dass es nachts Leute gebe, vermutlich ältere
Straßenkinder, die versuchten über ihn herzufallen, um ihn zu vergewal-
tigen.

Auch aus anderen Ländern Afrikas bezeugen Untersuchungen diese
Existenz der Gewalt zwischen den Straßenkindern. So berichteten bei
Lalor (1999, S. 764, N= 28) ein Drittel der Straßenkinder Äthiopiens, wöchentlich geschlagen zu werden und 50% gaben an, regelmäßig angegrif-
fen zu werden, die Gründe dafür drehten sich meistens um „Aufenthalts-
rechte" in bestimmten Gebieten, sowie „Beleidigungen". Auch Diebstähle
untereinander seien an der Tagesordnung. Mädchen scheinen besonders
unter diesen Strukturen zu leiden, so machte Lalor (1999, S. 764) die
schon als makaber zu bezeichnende Feststellung, dass das Durchschnittsalter der ersten Vergewaltigung von weiblichen Straßenkindern
in Äthiopien bei 13, 8 Jahren liege, die Täter seien normalerweise männliche Straßenkinder. Oder Kudrati et al (2008, S. 444) gehen davon aus,
dass Gruppenvergewaltigungen in Khartum (Sudan) sehr häufig seien,
da die Straßenkinder dafür bereits einen eigenen Begriff gebildet hatten.

Die nächste Art von Gewalt ist die der Sicherheitskräfte gegen die
Straßenkinder. Es ist schwer hier Zahlen anzuführen, bei Kudrati et al
(2008, S. 443) nennen jedoch 51% der Straßenkinder die Polizei als größte
Besorgnis, 69% und 80% der Mädchen in Khartum (Sudan) wurden bereits mindestens einmal verhaftet. Es komme aber auch vor, dass die
Polizei sie einfach verprügele, ihnen das Geld abnähme und, im Falle von
Mädchen, vergewaltige und sie danach ziehen lasse (ebenda). In Duala
sind die Straßenkinder ähnlichen Repressionen ausgesetzt. Neben nor-
maler Polizei und Gendarmerie gibt es seit dem Jahr 2000 in Kamerun
das sogenannte «commandement opérationnel» (CO), eine Sondereinheit
der nationalen Sicherheitskräfte zur Bekämpfung der organisierten Kri-

minalität, welche äußerst harsch in regelmäßigen Razzien gegen die Straßenkinder vorgeht und schon oft in der Kritik diverser NGOs stand (Pirot, 2004, S. 93)[69]. A 4 erzählte außerdem von Bekannten, die durch die «intervention rapide»[70] erschossen wurden.

Sieben Informanten der Untersuchung saßen außerdem schon mind. einmal in einem Gefängnis. Dabei waren jedoch zwei Fälle, deren Gefängnisaufenthalt sich nur indirekt mit dem Straßenleben in Verbindung bringen ließ und einer zu dem sich keine Details klären ließen. Zwei andere wurden – sie sagen zu Unrecht – des Diebstahls beschuldigt, erfuhren aber anscheinend relativ gute Behandlung. Die letzten zwei schließlich wurden während der Razzien verhaftet und in das berüchtigte New Bell Zentralgefängnis gesteckt[71]. A 7 beschreibt, wie, in diesem Falle die «gendarmerie nationale», dabei vorgeht:

> «C'est quand le commandant YYY raflait, donc quand il vous retrouve dans la rue, il vous prend, il vous amène en cellule, il vous tape, tout ça, tout ça. Parfois il part vous laisser à Edea, vous rentrez à Douala à pieds. C'est là où bon, un soir il m'a raflé, il m'a bien, ils m'ont maltraité tout ça. (…), là où je dormais maintenant au stade Mbapelepe, un soir ils ont débarqué là-bas. Bon, ils ont commencé à nous taper.» (A 7)

---

[69] Dem CO werden massivste Menschenrechtsverletzungen und hunderte extralegale Hinrichtungen vorgeworfen, oft wurden, seit der Gründung 2000, durchlöcherte und Folterspuren-aufweisende Leichen von Kriminellen/ Verdächtigen in den Straßen Dualas gefunden. Allein in den ersten 8 Monaten des Bestehens sollen, dem Bischof von Duala, Christian Tumi, zufolge, 500 extralegale Hinrichtungen in Duala stattgefunden haben. So wurde z.B. im Jahr 2000 ein Massengrab mit 36 Leichen nahe des internationalen Flughafens entdeckt (AI, 2000). Der bekannteste Fall ist der der „Bepanda 9" von 2001. Dabei handelte es sich um neun Jugendliche aus dem Viertel Bepanda, die beschuldigt wurden eine Gasflasche gestohlen zu haben, verhaftet wurden, noch mit ihren Eltern telefonierten und dann in den Händen des CO einfach „verschwanden" (Simone, 2007, S. 51).

[70] Das «bataillon d'intervention rapide» (BIR) ist eine weitere paramilitärische Einheit der Regierung, welche 1999 ins Leben gerufen wurde, ursprünglich mit der Hauptaufgabe der Bekämpfung von Straßenräubern und Kidnapping in den Nordprovinzen versehen wurde (Atangana, 2010).

[71] Das Gefängnis wurde in den 1930ern gebaut, mit einer geplanten Kapazität von 700 Insassen. Heutzutage sind dort ca. 4000 Gefangene inhaftiert (A I, 2009, S. 29). Ein Bekannter, der soziale Arbeit mit jugendlichen Häftlingen in diesem Gefängnis durchführt, erzählte mir, dass es erst seit April 2009 eine separate Sektion für jugendliche Straffällige gebe. Ich hatte leider keine Gelegenheit gefunden, diese informelle Information zu verifizieren.

Über den Gefängnisaufenthalt selbst erzählten die beiden wenig, A 9 sagte nur, dass er zwei Wochen lang nichts zu essen bekommen habe, aber man kann vermuten, dass sie dort furchtbare Dinge durchgemacht haben, wie ihre drastischen Handlungen im Anschluss zeigen: A 7 verließ sofort die Straße und A 9 ging nach Edea, da es dort keine Straßenkinder gebe und dementsprechend vermutlich auch keine Razzien. Diese Annahme wird auch durch die Aussagen von A 8 erhärtet, der ebenfalls im New Bell Zentralgefängnis war und dort von Wärtern misshandelt wurde, als sie ihn bei der Aufnahme verhörten.

Zuletzt sei noch die Gewalt erwähnt, die die Straßenkinder gegen ihre Umwelt ausüben und oben unter Kriminalität bereits beschrieben wurden und die auch vorkommende Gewalt von Erwachsenen gegen die Straßenkinder, welche nicht häufig ist, aber vorkommt (Pirot, 2004, S. 96), wie wir ebenfalls oben gesehen haben.

Ein weiteres Übel, neben der Gewalt, unter dem die Straßenkinder Dualas leiden, sind Krankheiten (Pirot, 2004, S. 57 ff.). Aufgrund der bedenklichen hygienischen Zustände, welches das Leben auf der Straße zwangsläufig mit sich bringt, sind mehr oder weniger alle von irgendwelchen gesundheitlichen Leiden betroffen. Dabei sind besonders Malaria und Hauterkrankungen zu nennen, sowie die mit verunreinigtem Wasser auftretenden Krankheiten wie Typhus oder Cholera. Die oben genannte NGO STN bietet aber in Duala für die Straßenkinder an sich zu waschen, auch besteht dort die Möglichkeit medizinische Versorgung kostenlos zu erhalten. Ein besonderes Problem, über das aber keine Daten vorliegen, ist das Auftreten von HIV/AIDS unter den Straßenkindern[72]. Pirot (ebenda) und Morelle (2007, S. 119) sind sich aber einig, dass viele Straßenkinder keinen geschützten Verkehr praktizieren, ein Indikator dafür ist, dass sich viele Straßenkinder Jaundes von einer NGO wegen Geschlechtskrankheiten behandeln lassen (Morelle, ebenda).

Pirot (2004, S. 86 f.) zufolge schließen sich die Straßenkinder, zum Schutz vor all diesen Bedrohungen, da besonders solche, die alleine sind, häufig zum Opfer werden, wie auch aus dem Grundbedürfnis nach So-

---

[72] Informationen des BMZ zufolge sind in Kamerun ca. 5% der Erwachsenen zwischen 15 und 49 Jahren HIV-positiv (BMZ, 2009).

zialität, fast immer in Gruppen zusammen. Diese Annahme ließ sich in
der Untersuchung jedoch nur teilweise verifizieren. So waren nur fünf
der Informanten fest in eine Gruppe integriert, vier andere hatten auf der
Straße zwar „kollegiale" Kontakte, mit denen sie auch tagsüber „rum-
hingen", aber sonst nicht weiter eingebunden waren, drei Jungen hatten
irgendwann einen „besten Freund", mit dem sie hauptsächlich „mar-
schierten"[73], zwei der Informanten waren größtenteils sogar alleine auf
der Straße und in zwei Fällen variierte dies dahingehend, dass sie
manchmal in eine Gruppe integriert waren, aber zeitweise auch alleine
auf der Straße lebten. Somit lässt sich dennoch festhalten, dass die Straßenkinder insgesamt selten alleine anzutreffen sind, auch wenn sie über
keine feste Gruppenanbindung verfügen.

In den sozialen Beziehungen untereinander, gilt das Recht des Stär-
keren, somit hat auch der Anführer einer Gruppe, der sog. «leadeur»[74],
wieder Gewalt über seine „Untergebenen" (Pirot, ebenda), beschützt
diese aber normalerweise auch. So gibt es sogar eine Art „Steuerpraxis",
die nicht wirklich festen Regeln folgt und teilweise der reinen Ausbeutung von jüngeren Straßenkindern dient, manchmal aber letztere dadurch auch wirklich Schutz erfahren. A 11 beschreibt dies gut:

> « (...) ils [ältere Straßenkinder; Anm. d. V.] viennent, ils demandent, on donne.
> Mais pas avec la force. (...) Et aussi ils étaient comme notre gardiens, comme notre
> protecteurs. On frappe sur nous, on part les appeler pour qu'ils viennent revendiquer
> pour nous.» (A 11)

Auch innerhalb der Gruppe ist das Leben teilweise von Gewalt geprägt,
so berichteten zwei der Informanten, dass andere versuchten sie zu Diebstählen und Drogenkonsum zu zwingen. Auf der anderen Seite sind die
Geschichten der Kinder aber auch voll von Beispielen starken Zusammenhaltes, sowie großer Solidarität und Hilfsbereitschaft untereinander.
So wurde z.B. A 7 monatelang von seinen Freunden in einer Notlage
versorgt, praktisch alle erhielten in ihrer Anfangszeit auf der Straße Un-

---

[73] Oft wird die Vokabel «marcher» von den Straßenkindern benutzt, um zu beschreiben, mit
wem sie zusammen waren.
[74] So nennen die Straßenkinder ihren jeweiligen Bandenchef. Das Wort ist vermutlich vom
englischen "leader" abgeleitet und ins Französische übernommen worden.

terstützung durch andere Straßenkinder, etc. Geradezu romantisch beschreibt bspw. A 2 das Leben in der Gruppe:

« (...) quand j'avais faim ils me donnaient à manger, quand eux ils avaient faim que moi j'ai, je les ai donnés aussi.» (A 2)

Somit lässt sich für das Straßenleben insgesamt eine merkwürdig ambivalente Mischung aus Gewalt und Misstrauen auf der einen Seite und Solidarität und Zusammenhalt auf der anderen Seite feststellen, die z.T. sogar Hand in Hand gehen und sich nicht gegenseitig ausschließen.

Die Gruppen sind in Duala nicht fest organisiert, sondern unterliegen einer Fluktuation ihrer Mitglieder. Auch sind sie nicht besonders fest an ein bestimmtes Territorium gebunden, sondern nutzen „ihr Gebiet" so lange wie möglich, können aber durch Polizei oder körperlich Stärkere daraus vertrieben werden (Pirot, ebenda).

Was nun den Lebensstil der Straßenkinder anbetrifft, bringt ihn Pirot (2004) mit folgender, falsch formulierten, Aussage auf den Punkt:

«Les enfants de la rue n'ont généralement qu'une seule préoccupation: trouver de quoi à manger et s'amuser» (Pirot, 2004, S. 54)

Falsch formuliert daher, dass es ja zwei Hauptanliegen sind und nicht nur eines: essen *und* sich amüsieren! Wie wir oben gesehen haben, sind die Verdienste der Straßenkinder in Kamerun vergleichsweise hoch, dennoch sind sie fast immer in Geldnot, wie lässt sich dies erklären? Das Problem liegt v.a. auf letzterem Punkt, denn Pirot (2004, ebenda) zufolge, wird das Geld sofort wieder ausgegeben, auch aus Angst bestohlen zu werden, zuerst einmal für Nahrung, dann aber für Drogen und Filme anschauen in den Videoklubs des Viertels. Ausführlicher beschreibt dies Morelle (2007, S.103 ff.) und begründet den laxen Umgang mit Geld ebenso v.a. damit, dass viele Straßenkinder nicht langfristig planen könnten und das Geld lieber ausgäben, als es sich nachts klauen zu lassen. Somit essen aber die Straßenkinder sogar dreimal am Tag, was bei vielen Gleichaltrigen und selbst der arbeitenden Bevölkerung nicht selbstverständlich ist. Die Älteren können sich sogar Luxusartikel wie Gebäck und Zigaretten leisten. Dieser Mechanismus fand sich tendenziell auch bei den Informanten dieser Untersuchung. So gaben fast alle an, dass sie das verdiente Geld, aus eben genannten Gründen, direkt wieder ausgeben würden, allerdings gab es auch Ausnahmen. So hinterlegten drei der Jungen sogar größere Summen Geld bei Personen ihres Vertrauens und zeigen somit, dass es durchaus möglich ist, Geld zur Seite zu legen.

Darüber hinaus beschreibt Morelle (2007, S. 175 ff.), wie sich die Straßenkinder Kameruns an der, v.a. durch Musikvideos amerikanischer Rapmuskier vermittelten, Ghettokultur Amerikas orientieren und diese nachzuahmen versuchen. Dazu gehört eine Vorliebe für bestimmter Klamotten, geht weiter über beispielsweise die Imitation von Begrüßungsritualen und schlägt sich darin nieder, dass Geld, sobald es vorhanden ist, für die, in diesen Videos, propagierten Ideale ausgegeben wird: Feiern in Nachtklubs und Bars, Markenklamotten und Frauen, vermutlich v.a. Prostituierte (letzteres vgl. Morelle, 2007, S. 128), wie auch der Fall von A 7 zeigt. In Bezug auf Drogen schildert die Autorin (ebenda, S. 122 ff.), dass sie eine Säule der sozialen Gemeinschaft darstellen würden und v.a. abends zusammen eingenommen würden und tagsüber größtenteils versteckt vor der Öffentlichkeit, dies ließ sich jedoch, wie oben zu sehen, nicht verifizieren. Weitere Freizeitaktivitäten bestehen Morelle (2007, S. 107, 177) zufolge im Fußball- und Videospielen, Filme gucken und Nachahmen von Karate- und Boxszenen der gesehenen Actionfilme. In der hiesigen Untersuchung stach v.a. der Besuch von Videoklubs als das meistgenannte Hobby hervor, was explizit von acht Jungen erwähnt wurde.

Wie auch in anderen Ländern Afrikas, mieten sich zudem die älteren Straßenkinder in Kamerun oft in unregelmäßigen Abständen Zimmer an (Morelle, 2007, S. 239 ff.), sind aber damit, wie oben bei Kaime-Atterhög & Ahlberg (2008, S. 1350) beschrieben, nicht definitiv „weg" von der Straße, sondern nutzen diese weiterhin tagsüber und führen praktisch denselben Lebensstil wie vorher, da sich das soziale Netzwerk nicht verändert hat. Dies traf zum Zeitpunkt der Untersuchung, wie erwähnt, auf zwei der Informanten zu, ein dritter hatte zwischendurch ein Zimmer angemietet, war aber dann wieder auf die Straße gegangen.

7.2.5 Maßnahmen der Regierung

Die Regierung Kameruns zeigte sich bis zum Ende des vorigen Jahrhunderts sehr zurückhaltend, das Problem der Straßenkinder anzugehen und verlegte sich hauptsächliche auf die punktuelle Bekämpfung des Phänomens durch Sicherheitskräfte (Morelle 2007, S. 212 ff.). Neben den bereits erwähnten, unregelmäßig durchgeführten Razzien[75] gibt es von Zeit zu Zeit auch groß angelegte „Säuberungsaktionen" der Innenstädte, meist in Erwartung eines gesellschaftlichen Großereignisses. So wurden beispielsweise im Zentrum Jaundes, im Vorfeld des Frankreich/Afrika-Gipfeltreffens 2001, bei dem Jaques Chirac höchstpersönlich erwartet wurde, Händler aller Art und natürlich auch die Straßenkinder vertrieben, welche zum Teil sogar von staatlicher Seite in Züge gesetzt wurden, um die Stadt zu verlassen (Morelle, ebenda). Ähnliches spielte sich auch wieder im März 2009 in Duala und Jaunde anlässlich des Papstbesuches ab (Nsom & Bongben, 2009).

Seit 2002 gibt es jedoch in ein Tageszentrum für Straßenkinder, welches zusammen vom belgischen Roten Kreuz und dem kamerunischen MINAS betrieben wird (Morelle, 2007, S. 234), was anscheinend die erste pädagogische Maßnahme des Staates darstellt, da sonst nirgends frühere Projekte erwähnt werden. Eine große Wende der staatlichen Haltung in Bezug auf das Straßenkinderphänomen hat möglicherweise im Jahr 2008 eingesetzt. In diesem Jahr wurde durch das MINAS ein Programm zur gesellschaftlichen Reintegration von Straßenkindern bekannt gegeben, von dem ca. 800 Straßenkinder profitieren sollen. Im Idealfall sollen diese wieder in ihre Familien zurückkehren und, im Rahmen des Programms, über drei Jahre eine Anstellung, soziale Unterstützung sowie psychologische Betreuung erhalten (Bidjocka, 2009). Das Budget beträgt umgerechnet etwas mehr als 1,52 Millionen Euro, da es aber bislang an staatlicher Infrastruktur auf diesem Gebiet mangelt, werden v.a. private Organisationen und NGOs mit der Durchführung beauftragt (Essono, 2008).

---

[75] So wurden beispielsweise am 19.2. 2009 35 Straßenkinder in Duala einfach unter dem Vorwand verhaftet, sie seien für Unsicherheit in der Stadt verantwortlich (Pefok, 2009).

Es bleibt abzuwarten, inwiefern dieses Programm erstens von der Regierung ernsthaft verfolgt wird und nicht nur Propaganda für die Geberländer ist und zweitens, inwiefern es Erfolge erzielen wird, denn es ließ sich in Erfahrung bringen, dass STN keine großen Einblicke in das Projekt bekam, aber zwischenzeitlich kontaktiert wurde, um für das MI-NAS, welches über keine entsprechenden Strukturen verfügte, die Identifikation der Straßenkinder in Duala durchzuführen. Seitdem hat aber die Organisation nichts mehr vom weiteren Fortgang des Programms gehört und bis heute „nicht einen Franc" erhalten. Es gäbe inzwischen sogar ein staatliches Heim für Straßenkinder in Duala, jedoch bestehe keinerlei Kooperation und niemand von STN wisse auch nur, wo sich dieses befinde. Es sei nicht auszuschließen, dass sich dieses Heim „nur auf dem Papier" wiederfinde.

8 Diskussion

Die einzelnen Teilergebnisse der vorliegenden Untersuchung stehen bisher noch ziemlich unverbunden nebeneinander und müssen nun miteinander in Relation gesetzt werden, um mögliche Muster des Gesamtprozesses zu erhellen.

8.1 Zusammenfassende Diskussion der Untersuchungsergebnisse

Wie bereits oben im Zwischenfazit aufgezeigt, beschreiben zwar sozio-ökonomischen Daten die Hintergründe der Straßenkinder, können jedoch nicht erklären, warum diese tatsächlich auf der Straße gelandet sind. So ließ sich bspw. feststellen, dass die Geschwisteranzahl der Straßenkinder dieser Untersuchung durchschnittlich bei fünf liegt, oder dass knapp 70% der Informanten zu Hause geschlagen wurden. Die Frage bleibt aber bestehen, was man damit nun überhaupt erklären kann. Sollte somit jeder Junge, der geschlagen wird und aus einer kinderreichen Familie stammt bereits ein potentieller Kandidat für die Straße sein?

Natürlich kann diese Frage nur verneint werden. Statt einzelne Daten zur Erklärung des Phänomens zu Rate zu ziehen, wie bspw. eben, gilt es, nach den, bei der Entwicklung zum Straßenkind hin, wichtigen Dynamiken und Kontinuitäten zu schauen, anders formuliert also, inwiefern die einzelnen Teilergebnisse zusammenhängen und in der Entwicklung zusammenspielen. Betrachten wir also nun, unter dieser Prämisse, noch einmal die Vorgeschichten der Informanten.

Es lässt sich sagen, dass die Berufe der Eltern an sich nur einen geringen Aussagewert besitzen, dahingehend, dass es hier nicht von großer Wichtigkeit erscheint, ob nun die Väter mehrheitlich Bauern, Handwerker oder LKW-Fahrer sind, da der Berufsstand alleine sicherlich keinen Einfluss auf das spätere Straßenleben der Kinder hatte. Was jedoch wichtig daran ist, ist die Feststellung, dass die große Mehrheit der Eltern in relativ einfachen Berufen tätig sind, deren Verdienste sich in Grenzen halten, wodurch wiederum Rückschlüsse auf die ökonomische Gesamtsituation der Familie ermöglicht werden. Es ließ sich auf diese Weise feststellen, dass die Straßenkinder zwar tendenziell nicht aus wohlhabenden Familien stammen, aber ebenso wenig aus extrem armen Familien kommen. Damit lässt sich bereits hier sagen, dass ökonomische Armut an sich, im Falle von Kamerun bzw. Duala, eher selten der Grund ist, warum Kinder auf der Straße leben. Dies traf z.B. in der hier durchgeführten Untersuchung nur auf A15, A 16, die Brüder sind, und gewissermaßen A 9 zu, der nach dem Tod seiner Eltern bei einem Onkel untergekommen war.

Des Weiteren ließ sich ebenfalls nicht feststellen, dass Polygamie das Phänomen zu begünstigen scheint, da nur zwei der Informanten aus polygamen Haushalten stammten, wovon einer wiederum nur bei seiner Mutter aufwuchs, da sein Vater sehr früh gestorben war. Auch die Anzahl der Geschwister oder der Bildungsgrad der Eltern der Informanten können natürlich allenfalls als zusätzliche, deskriptive Informationen betrachtet werden, die aber in keinem direkt nachweisbaren Verhältnis zum Gang auf die Straße standen.

Was einen eventuellen Beitrag zum Familieneinkommen angeht, als der Informant noch zu Hause lebte, stellte sich heraus, dass zwar sechs der Jungen bereits gearbeitet hatten, bevor sie auf der Straße lebten, aber nur zwei im engeren Sinne zum Familieneinkommen beigetragen hatten, was nebenbei auch dafür spricht, dass die ökonomische Situation in den anderen Fällen nicht besonders schlecht war. Somit lässt sich sagen, dass es sich in dieser Untersuchung nicht bestätigen ließ, dass der Großteil der Informanten schon früh zum Familieneinkommen beitragen musste. Von diesen sechs wiederum, die insgesamt arbeiteten, stand andererseits die Arbeit auf der Straße drei Fällen definitiv in Kontinuität mit dem späteren Straßenleben, da sie dort die Kontakte knüpften, die während ihrem Einstieg in das Straßenleben eine wichtige Rolle spielten. Damit erscheint es also insgesamt so, dass Kinderarbeit in den Herkunftsfamilien der Straßenkinder nicht übermäßig häufig vorzukommen scheint, dort allerdings, wo dies zutrifft, eine nicht geringe Wahrscheinlichkeit besteht, dass die Kinder bei ihren Arbeiten mit Straßenkindern in Kontakt kommen.

In Bezug auf Schulbesuch ließ sich feststellen, dass sieben der Informanten so lange zur Schule gingen, bis sie schließlich auf der Straße waren. Acht der Informanten aber, brachen vor ihrem Schritt auf die Straße die Schule ab, drei davon aus eigenem Antrieb, die restlichen fünf, da kein Geld mehr für die Schulgebühren vorhanden war. Auch hier lässt sich festhalten, dass der Schulabbruch an sich definitiv nicht ursächlich mit dem Gang auf die Straße verbunden werden kann, ein direkter Zusammenhang ließ sich in keinem der Fälle feststellen, wohl aber könnte man dies als einen Indikator ansehen, dahingehend, dass ein vorzeitiges Beenden der Schullaufbahn die Wahrscheinlichkeit einer Straßenkarriere erhöhen mag.

Freunde bzw. Bekannte auf der Straße spielten zwar nicht in der Mehrheit der Fälle eine Rolle, da jedoch, wo diese vorhanden waren, übten sie einen starken Einfluss aus. So hatten nur drei der Informanten enge Kontakte zu Straßenkindern, als sie noch zu Hause lebten, alle drei jedoch landeten schließlich auf der Straße. In vier anderen Fällen waren diese Kontakte nicht als besonders eng zu charakterisieren, dennoch spielten diese Bekanntschaften, bei der Entscheidung die Familie zu verlassen, eine entscheidende Rolle, da sie diejenigen waren, die die Informanten in das Leben auf der Straße einführten. Damit lässt sich festhalten, dass in den Fällen, wo Freunde auf der Straße vorhanden sind, die Gefahr recht hoch ist, dass sie einen negativen Einfluss ausüben und letztendlich dazu beitragen, dass der einzelne die Entscheidung trifft auf die Straße zu gehen.

Das Verhältnis nun zu den Eltern stellte sich ebenfalls, in dem Großteil der Fälle, als gut heraus, außer natürlich bei den Informanten, die von ihren Eltern misshandelt wurden. Zwar wurden mehr als die Hälfte der Informanten von ihren Eltern geschlagen, jedoch schien dies, den Aussagen der Informanten nach, nicht zwangsläufig dem Verhältnis zu den

Eltern abträglich zu sein und stand auch, außer bei den Misshandlungs-
fällen, in keinem entscheidenden Verhältnis mit dem Schritt auf die Straße. Man muss daher sagen, dass Schläge zu Hause zwar eine häufige
Erfahrung der Straßenkinder sind, dies aber letztendlich, bei der Entwicklung zum Straßenkind hin, nur eine untergeordnete Rolle spielten.
Ähnlich sieht es in Bezug auf familiäre Vernachlässigung aus, wovon
sechs Fälle betroffen waren. Auch hier gab es drei Fälle (A3, A 6 und A
13), die nicht gut von ihren Stiefmüttern versorgt wurden bzw. nicht gut
mit diesen zurechtkamen, ohne dass dies allerdings mit der weiteren
Entwicklung zusammenhing, während die drei anderen (A 9, A 10, A 16)
aus eben diesen Gründen die Fürsorgepersonen verließen. Man kann also
festhalten, dass Vernachlässigung durch die Fürsorgepersonen vorkommt, aber nicht übermäßig häufig und auch dann nur in der Hälfte
der Fälle mit dem späteren Straßenleben zusammenhing. Was aber hier
besonders auffiel, waren die vielen Kommentare über Stiefmütter bzw.
nicht leibliche Mütter, die den Kindern das Leben schwer machten.

Besonders deutlich stach an dieser Untersuchung jedoch der Faktor
der instabilen Familienverhältnisse hervor. Wie wir gesehen haben,
wuchsen nur neun der Informanten bei beiden Eltern auf und insgesamt
nur vier Informanten (A 2, A 4, A 11 und A 12) lebten konstant bei ihren
beiden Eltern. Todesfälle waren zu einem Großteil für diese Instabilität
verantwortlich, da in drei Fällen beide Eltern starben und in fünf Fällen
die Mutter. In drei Fällen lebten aber auch die Mütter der Informanten
von dem jeweiligen Vater getrennt und in zwei Fällen wurden die Kinder, aus ökonomischen Gründen, zu Verwandten gegeben. Diese Instabilität der Familie stand zwar nur in einem Fall, A 12 der nach dem Tod
seiner Mutter auf die Straße ging, direkt in Kontinuität mit dem Straßenleben, indirekt aber mit wesentlich mehr Fällen, da diese, durch die familiäre Rekonfigurationen bedingt, sich in neuen oder veränderten familiären Situationen wiederfanden, welche letztendlich zu der Entwicklung
zum Straßenkind beitrugen. So kamen A 9 und A 10, nach dem Tode
ihrer Eltern, vorerst bei Verwandten unter, von wo aus sie schließlich auf
die Straße gingen, A 13 wurde das Leben durch seine Stiefmutter schwer
gemacht, A 16 erlebte das selbe durch seine Tante, A 14 lebte bei seiner

Großmutter, bis diese schließlich starb, A 8 hatte nach dem Tod seiner Eltern niemanden mehr, an den er sich hätte wenden können und im Falle von A 3 begannen die Misshandlungen nach dem Tode seiner Mutter. Nur im Falle von A 7 bestand keine Relation zwischen dem Tod der Mutter und seiner späteren Straßenkarriere. Somit lässt sich festhalten, dass familiäre Rekonfigurationen, besonders in Folge von Todesfällen in der Kernfamilie, eine ziemlich hohe Kontinuität mit dem Schritt auf die Straße aufweisen, jedoch nicht dahingehend, dass die veränderte Situation selbst der Auslöser war auf die Straße zu gehen, sondern in der Art und Weise, dass die Kinder veränderten Lebensumständen ausgesetzt waren, die sie schließlich den Schritt auf die Straße unternehmen ließen.

Jedoch darf bei all dem nicht vergessen werden, dass die Straßenkinder dennoch nicht automatisch nur Opfer der Umstände sind, sondern teilweise, durch ihr eigenes Verhalten, stark zu ihrem Straßendasein beigetragen haben. Dies gilt besonders für die Fälle, die schon früh andere Straßenkinder als Freunde hatten (A 4, A 7 und A 11), aber auch für solche, die den Anreizen der Straße nicht widerstehen konnten (A 2, A 13 und zum Teil auch A 16). Was nämlich die Anreize der Straße angeht, so sind diese v.a. in der Form vorhanden, dass die Straßenkinder über vergleichsweise viel Geld verfügen und sich damit Freizeitbeschäftigungen leisten können, die für Gleichaltrige außerhalb jeglicher Reichweite liegen. Das Leben auf der Straße ist zwar von Gewalt geprägt, ebenso aber von absoluter Freiheit bei wenig Verantwortung und insgesamt schien es den meisten Informanten auf der Straße an nichts Materiellem gemangelt zu haben. Dies erklärt auch, warum so viele der Informanten wieder von STN wegliefen[76], um wieder auf die Straße zu gehen, wobei allerdings hier auch Fälle waren, die aus Problemen mit den «grands» wieder die Foyers verließen.

Zusammenfassend präsentiert sich somit ein sehr vielschichtiges, wenig eindeutiges Bild der Ursachen, für das Straßendasein der Kinder

---

[76] Die hier etablierten Zahlen legen nahe, dass der Prozentsatz der aufgenommen Kinder, die eines der Heime zumindest temporär verlassen, vermutlich jenseits der 50%-Marke liegt. Ungefähr diese Größenordnung wurde mir auch bei informellen Befragungen der Mitarbeiter von STN als Schätzung angegeben.

in Duala. Es gibt eine große Bandbreite an Gründen, von Misshandlungen einerseits, die den Informanten keine Wahl ließen, als die Familie zu
verlassen und auf der anderen Seite Beispiele von solchen, die vollkommen ohne Not auf die Straße gingen. Zwischen diesen beiden Polen liegen verschiedene Abstufungen von Gründen für die Straße, in manchen
Fällen dringender, in anderen weniger. So stellte sich Armut in den Herkunftsfamilien der Straßenkinder zwar als eine mögliche Ursache heraus,
aber eben auch nicht mehr als dies und kam insgesamt als Hauptfaktor
selten in der Stichprobe vor. Ebenso wenig ließ sich feststellen, dass die
Tatsache, dass viele der Straßenkinder in ihren Familien geschlagen
wurden, mit der späteren Straßenkarriere in Verbindung steht, ausge-
nommen hierbei natürlich die Misshandlungsfälle. Im Großteil der Fälle
bestand jedoch ein gutes Verhältnis zu den leiblichen Eltern. Schulabbruch stand ebenso in keinem kontinuierlichen Verhältnis zum Schritt
auf die Straße und war eher ein begleitendes Phänomen, während des
Schrittes auf die Straße, anzusehen. Was einen finanziellen Beitrag zum
Familieneinkommen angeht, gestaltete sich das Bild zwiespältig, da dies
einerseits nicht häufig vorkam, andererseits dann aber, durch die Kontakte, die dabei entstanden, häufig bedeutsam war.

Auch ließen sich starke Anreize der Straße identifizieren und der
große Einfluss, den andere Straßenkinder auf die Informanten ausübten.
Zudem trugen manche Informanten, durch ihr eigenes Verhalten, stark
zu ihrer Straßenkarriere bei. Am bedeutendsten unter all diesen Faktoren
stellte sich jedoch die familiäre Instabilität des Herkunftsmilieus der
Straßenkinder heraus, welche zwar kaum in direkter Kontinuität mit
dem Gang auf die Straße stand, aber indirekt, durch die Tatsache, dass
sich das familiäre Umfeld vieler Informanten zum Teil beträchtlich änderte, die Kinder aus ihrer gewohnten sozialen Umwelt gerissen wurden
und sich letztendlich in Umständen wiederfanden, die die Straße – ob
gerechtfertigter weise oder nicht – als die bessere Alternative erschienen
ließen. Besonders häufig waren Todesfälle der Grund für diese familiäre
Instabilität.

Es lässt sich somit insgesamt trotzdem nicht von *einer* entscheidenden Hauptursache für das Straßendasein der Informanten sprechen,

vielmehr ließ sich ein Set an potentiellen Faktoren identifizieren, die in individuell spezifischen Kombinationen auftraten und ebenso unterschiedlich wirkten. Man kann sich die Entwicklung zum Straßenkind somit als eine Kombination aus verschiedenen Push- und Pull-Faktoren vorstellen, an deren Ende das Straßenleben steht. Diese Kombinationen stellten sich aber nicht als völlig zufällig heraus und es ließen sich mehrere, interindividuell ähnliche Muster erkennen, was es nun ermöglicht, abschließend den Versuch einer Kategorisierung der Straßenkinder Dualas zu unternehmen. Es ist klar, dass es sich hierbei um eine idealtypische Einteilung handelt, bei der Nuancen nicht berücksichtigt werden können und welche v.a. dem besseren Überblick. So mag es noch weitere Kategorien geben, die sich nicht in dieser Stichprobe fanden, so dass diese Einteilung nicht als definitiv anzusehen ist, sondern erweiterbar sein mag.

Zum einen gab es die Fälle der „Misshandelten" (A 1, A 3, A 5). Diese hatten von dem Leben auf der Straße keine Vorstellung, bis sie schließlich eines Tages, nach mehrfacher Misshandlung durch die Fürsorgepersonen, aus schlichter Alternativlosigkeit auf die Straße gingen. Eine andere Gruppe, die sich identifizieren ließ, war die der „Abenteurer"[77] (A 2, A 4, A 7, A 11). Zum Großteil hatten diese bereits seit frühester Kindheit Straßenkinder als Freunde und drifteten über diese mehr und mehr in das Leben auf der Straße ab, da ihre Eltern nicht in der Lage waren sie zu kontrollieren. Der endgültige Schritt auf die Straße war, im Rückblick betrachtet, bei diesen Fällen keine Überraschung und stand in direkter Kontinuität mit dem eigenen Verhalten. Die nächste Gruppe war die der „Alleine Gelassenen" (A 8, A 9, A 10, A 14, A15). In allen Fällen lösten sich die gewohnten familiären Strukturen komplett auf, größtenteils durch Todesfälle, und die Informanten mussten sich in einem neuen, sozialen Umfeld zurechtfinden, an das sie keinerlei Bindung hatten und sich dementsprechend leicht davon trennen konnten. Die letztendlich vorhandenen Motive bzw. Ursachen auf die Straße zu gehen, unterschieden sich dann aber soweit, dass hier keine weiteren Parallelen aufzufin-

---

[77] Auch A 1 passt charakterlich in diese Kategorie, wie aber nun schon öfter erwähnt, ließ sich zu ihm wenig konkretes feststellen, so dass er, basierend auf dem wenigen, was sich klären ließ, in die erste Kategorie eingeordnet wurde.

den sind. Eine weitere Gruppe ist die der „jugendlichen Zurechtkommer"[78] (A 13, A 16). Diese sind dadurch zu charakterisieren, dass sie im Jugendalter erst die Schule verließen, ohne allerdings einen Abschluss gemacht zu haben. Da sie im Anschluss keinen festen Beruf fanden, schlugen sie sich eine Zeit lang mit Gelegenheitsjobs auf der Straße durch, machten dort entsprechende Bekanntschaften und ließen sich irgendwann von den Verlockungen der Straße leiten. Zuletzt gab es noch „Sonderfälle", die in keine der anderen Kategorien passten und (A 6, A 12) damit nur noch einmal deutlich machen, wie komplex das Phänomen ist.

Zwei weitere Kategorien, welche sich nicht in dieser Stichprobe finden ließen, aber durch Gespräche mit Erziehern von STN rekonstruiert werden konnten, waren die der «nordistes» und die der „Mädchen auf der Straße", welche hier der Vollständigkeit halber erwähnt werden[79], wobei zu beachten ist, dass es sich hierbei erst einmal um Protokategorien handelt, die auf der Straße lebende Gruppen identifiziert, aber nicht – mangels Datenmaterial – tiefergehend die Gründe für ihr Straßendasein beschreibt. Zu den «nordistes», also den aus den drei Nordprovinzen stammenden Straßenkindern, ließ sich feststellen, dass diese zwar in den Straßen Dualas sehr häufig sind, wie oben von Pirot (2004, S. 46) erwähnt, zur Zeit meiner Recherche jedoch nicht ein einziger bei STN war. Die Erzieher erklärten dies damit, dass die «nordistes» besonders seien, dahingehend, dass sie nur zeitweise, zum Geldverdienen nach Duala kämen, um dann wieder zurück in den Norden zu gehen und daher überhaupt kein Interesse an dem Angebot der NGO zeigten. So fände man z.B. während der langen Schulferien wesentlich mehr «nordistes» auf dem «marché central» als sonst. Auch sei der Zusammenhalt zwischen ihnen sehr groß und sie würden Kontakte zu nicht-Muslimen

---

[78] Diese Formulierung ist an die in Duala so gebräuchliche Vokabel «se débrouiller» angelehnt, was sich mit „zurechtkommen", „sich zu helfen wissen" oder am besten umgangssprachlich als „sich durchwurschteln", übersetzen lässt.

[79] Es ergab sich einfach nicht die Möglichkeit Zugang zu diesen speziellen Lebenswelten zu erhalten, so dass ich mehrere Erzieher, die als Experten mit langjähriger, praktischer Erfahrung auf diesem Gebiet, verlässliche Quellen sein sollten, einfach fragte, was sie über diese beiden Gruppen wüssten.

scheuen. In Bezug auf Mädchen ließ sich in Erfahrung bringen, dass fast alle auf der Straße als Prostituierte arbeiten würden, aber gewöhnlicher Weise ein Zimmer anmieteten und die Straße nur für ihr Gewerbe nutzten. Mädchen, die zu Hause wegliefen, würden zuerst einschlägige Orte (z.B. „Elf" oder „rue de la joie" in Deido) aufsuchen und dort dann von einem Zuhälter versorgt werden, der ihnen eine Unterkunft verschaffe, aber dafür wöchentlich seinen Anteil einfordere. Die Verdienste scheinen recht hoch zu sein, A 7 erzählte, dass Mädchen auf diese Weise jede Nacht mehr als 10 000 CFA verdienen könnten.

Betrachten wir also nun diese, hier vorgenommenen, Kategorisierungen im Vergleich mit den oben, in Bezug auf Afrika, vorgestellten, so lässt sich feststellen, dass die von ENDA vorgeschlagene Einteilung in «enfants désœuvrés», «enfants travailleurs» und «enfants en rupture» zwar zutrifft, aber sehr grob ist und nicht viel über die Hintergründe der Kinder aussagt und dementsprechend die Frage aufwirft, inwiefern eine solche Einteilung sinnvoll für die pädagogische Praxis ist. Die von Marguerat (1999) vorgeschlagene Einteilung wiederum, weist einerseits in Details viele Überschneidungen auf, dennoch lässt auch sie sich nicht ohne größere Rekonfigurationen auf die hier vorgenommene Untersuchung anwenden. So erwies sich die Trennung zwischen ländlichen und städtischen Typen von Straßenkindern für Duala als obsolet und auch die einzelnen Kategorien weisen insgesamt zu viele Unterschiede auf und machen somit noch einmal deutlich, dass man mit bereits vorhandenen Kategorisierungen, in unbekanntem Forschungsterrain, sehr vorsichtig umgehen und diese erst einmal nur zur Orientierung heranziehen sollte.

8.2 Empfehlungen

Wie also gerade festgestellt, lässt sich das Phänomen nicht durch einen einzelnen Faktor erklären, sondern es handelt sich um ein Zusammenspiel mehrerer möglicher Einflussgrößen, was eine wichtige Feststellung ist, um so mit dem Paradigma der Straßenkinder als pure Opfer ihrer Umstände aufzuräumen und dem Phänomen endlich, in all seiner Heterogenität, in der pädagogischen Arbeit gerecht zu werden. Da die Ursachenfaktoren nun teilweise bekannt sind, ließe sich demnach über deren Nutzung für Präventionsprojekte nachdenken. Es ist müßig hier in knapper Form die ganze Bandbreite der Möglichkeiten, theoretischen, wirtschaftlichen und praktischen Probleme der Umsetzung zu diskutieren, ein paar Grundideen sollen jedoch zumindest kurz angesprochen werden.

Die Sensibilisierung muss zunächst besonders auf Seiten der „Erwachsenen" stattfinden, da sie einerseits die gesellschaftliche Verantwortung für „ihre Kinder" tragen und zum anderen, dies wurde in der Untersuchung deutlich, die Straßenkinder sich erst im Nachhinein all der Dynamiken bewusst wurden, welche sie auf diesen Weg gebracht hatten. So erscheint es z.b. begründet, Lehrer für die Problematik zu sensibilisieren. Wie aufgezeigt wurde, war Fernbleiben von der Schule nur ein Nebeneffekt auf dem Weg zum Straßenkind, dadurch jedoch kann diesem Faktum eine indikative Funktion zugeschrieben werden. Lehrer könnten also z.B. dazu aufgerufen zu werden, bei plötzlichem Fernbleiben von Schülern, besonders aus der Grundschule, die Eltern aufzusuchen, und sie auf das Thema aufmerksam zu machen.

Des Weiteren erscheint es als dringend, Familien in Rekonfigurationsphasen, besonders nach Todesfällen, sozialpädagogisch zu betreuen, beispielsweise durch Sozialarbeiter, die sich in regelmäßigen Abständen über das Wohl der Kinder informieren. Und natürlich müssen die Eltern bzw. Fürsorgepersonen aufgeklärt werden. Man könnte sie z.B. durch Elternabende darauf aufmerksam machen, dass Kinderarbeit tendenziell den Weg auf die Straße ebnen könne, durch die Bekanntschaften, die dort geschlossen werden könnten. Auch sollten die Eltern ein Auge darauf haben, mit welchen Freunden ihre Kinder die Freizeit verbringen und die Kinder nicht aus „pädagogischen Maßnahmen" aus dem Haus zu schicken. Ebenfalls erscheint es wichtig, mit jugendlichen Straftätern zusammenzuarbeiten und diese bei ihrem Neuanfang, nach der Haftentlassung, zu unterstützen. Auch durch aufsuchende Sozialarbeit im Milieu der Straßenkinder könnten manche potentielle Kandidaten für die Straße sicherlich positiv beeinflusst werden, so zeigte sich beispielsweise, dass

Spielhallen, Videoclubs und Märkte Orte sind, die sich aufzusuchen lohnen würden, da hier oft der Einstieg geschieht bzw. hier Straßenkinder mit noch nicht auf der Straße lebenden in Kontakt kommen. Außerdem muss schließlich selbst die Praxis der Kinderarbeit hinterfragt werden, welche gesellschaftlich toleriert zu werden scheint[80], aber eben dadurch auch dazu beiträgt, dass sich das Phänomen ungesehen entwickeln kann, erst recht im informellen Sektor, in dem, wie wir oben gesehen haben, 1996 ganze 85% der Bevölkerung tätig waren. So sind dadurch überhaupt erst die Strukturen vorhanden, in denen sich die Straßenkinder ihre ökonomischen Nischen suchen, sich dadurch auf der Straße etablieren und zudem vergleichsweise viel Geld verdienen können, was die Straße für viele durchaus attraktiv macht.

Aber auch für die sekundäre Intervention ergeben sich, aus den hier vorgestellten Ergebnissen, Konsequenzen. Um noch einmal auf die Einleitung zurückzukommen, ließ sich feststellen, dass das „Oliver-Twist-Bild" der Straßenkinder nicht an sich vollkommen verkehrt ist, aber definitiv ergänzt werden muss. Man sollte also auch die Bekannten Oliver Twists, beispielsweise Karlchen Bates, Jack Dawkins oder Noah Claypole nicht vergessen, welche durchaus Gefallen an dem Milieu der Straße gefunden hatten und ein entsprechendes Naturell besaßen. Dickens steht somit geradezu als Soziologe dar und war anscheinend „ein viel größerer »Realist«, als man gemeinhin glaubt", wie es bereits W.H. Auden im Vorwort zu einer dt. Neuauflage Mayhews „Die Armen von London" schrieb (Mayhew, 1996, S. 12, Hervorhebung im Original) und kann somit weiterhin als Schöpfer des westlichen Straßenkinderbildes gelten, nur sollte man es eben in all seiner Vielfalt betrachten. So gab es, betreffend der Typisierung von Straßenkindern in Duala, große Unterschiede zwischen den einzelnen Informanten und es stellt sich die Frage, inwiefern es ratsam ist, all diese unterschiedlichen Fälle miteinander in Kontakt zu bringen. So haben wir z.B. gesehen, dass manche, wegen Problemen mit den «grands», das Foyer wieder verließen. Andere wiederum knüpften

---

[80] So geht Wondimu (1997, S. 298), im Zusammenhang mit dem Straßenkinderphänomen in Äthiopien, davon aus, dass Kinderarbeit, aufgrund der wirtschaftlichen Gesamtlage des Landes, vorerst ein unvermeidbares Übel sei.

dort erst die Kontakte, um in Duala auf die Straße zu gehen, ein Extrem-
fall dabei, war zuvor sogar niemals auf der Straße gewesen. Auch gab es
mehrfach Zeugnisse, dass in den Foyers manche das erste Mal Drogen zu
sich nahmen. Es erscheint dementsprechend sinnvoll, zumindest Straßenkinder von solchen „in Schwierigkeiten" zu trennen und nicht Kinder
und Jugendliche mit und ohne Straßenerfahrung zusammenzubringen.
Ebenso erscheint es ratsam, nach Alter zu differenzieren und verschiedene Heime für unterschiedliche Alterskategorien einzuführen. Auch müssten für jede identifizierte Kategorie einzelne, pädagogische Reintegrati-
onskonzepte erarbeitet werden. Zuletzt sollte auch das Primat der familiären Reintegration der Straßenkinder überdacht werden. Wie wir gesehen haben, konnte ein Großteil der Informanten, ab einem gewissen
Punkt und aus unterschiedlichsten Gründen, nirgendwohin mehr „zurückgehen". Dementsprechend sollte die sozialpädagogische Arbeit primär darauf ausgerichtet sein, die Kinder und Jugendlichen mit Kompe-
tenzen zu versehen, um so ein eigenständiges Leben, fernab der Straße,
führen zu können. Dies alles sind, wie gesagt, nur erste, sehr grobe Ansätze und es bleibt zu hoffen, dass sie als Orientierung für eine Weiter-
entwicklung der wissenschaftlichen Bearbeitung des Themas dienen
können und eines Tages in der pädagogischen Praxis mit Straßenkindern
Beachtung erfahren.

9 Literaturverzeichnis

Aderinto, Adeyinka (2000): Social correlates and coping measures of street-children. A comparartive study of street and non-street children in South-Western Nigeria. In: Child Abuse & Neglect Vol. 24, Nr. 9. 2000: 1199-1213

Adick, Christel (Hrsg.) (1997): Straßenkinder und Kinderarbeit. Sozialisationstheoretische, historische und kulturvergleichende Studien. Frankfurt a.M.: IKO-Verlag für Interkulturelle Kommunikation

Adick, Christel (1997): Straßenkinder in Entwicklungs- und Industrieländern. Definitionen, Erklärungskonzepte und pädagogische Maßnahmen im Vergleich. In: Adick (Hrsg.) (1997): 7-28

African Elections Database (2007): Elections in Cameroon [online]. http://africanelections.tripod.com/cm.html Aufgerufen am 01.03. 2009 Aufgerufen am 01.03.2009

Akyeampong, Emmanuel Kwaku (Hrsg.) (2006): Themes in West Africa's History. Athens: Ohio University Press

AI (Amnesty International) (2000): Cameroon. Impunity in face of large-scale extrajudicial executions in the Douala Area. London: Amnesty International Press Office

AI-P (Amnesty International Publications) (2009): Cameroon. Impunity underpins persistent abuse. London: International Secretariat

Aptekar, Lewis (1988): Street children of Cali. London: Duke University Press

Atangana, Etenge Emeran (2010): Le BIR Cameroun [online]. http://atangana-etemeemeran.com/spip.php?article100 Aufgerufen am 16.06.2010

Auswärtiges Amt (2009): Kamerun. Wirtschaf [online]. http://www.auswaertigesamt.de/diplo/de/Laenderinformationen/Kamerun/Wirtschaft.html Aufgerufen am 09.04.2009

Babina, Lucia & Marylin Douala Bell (Hrsg.) (2007): Douala in Translation. A view of the city and its creative transformative potentials Rotterdam: episode publishers

Ballesteros Rotter, G. (1968): Psicopatología del gamín bogotano. In: Revista de Psicología Vol. 13, No. ½. 1968: 149-160

Baumrind, Diana (1967): Child care practices anteceding three patterns of preschool behavior. In: Genetic Psychology Monographs Vol. 75. 1967: 43-88

Bibars, Iman (1998): Street children in Egypt. From the home to the street to inapprpriate corrective institutions. In: Environment and Urbanization Vol.10, Nr. 1. April 1998: 201-216

Bidjocka, Pamela (2008): Street children. A collective Responsibility. In: CRTV [online] http://www.crtv.cm/cont/nouvelles/nouvelles_sol_fra.php?showSection=national&idField =579&table=noticias Aufgerufen am 21.04.2009

BMZ (Bundesministerium für wirtschaftliche Zusammenarbeit und Entwicklung) (2009): Kamerun [online]. http://www.bmz.de/de/laender/partnerlaender/kamerun/zusammenarbeit.html Aufgerufen am 26.04.2009

Bortz, Jürgen & Nicola Döring (2006): Forschungsmethoden und Evaluation für Human- und Sozialwissenschaftler. 4. Aufl. Berlin, Heidelberg: Springer

Bourdillon, M.C.F. (1994): Street Children in Harare. In: Africa: Journal of the International African Institute 64. 1994: 516-532

Boyle, Thomas C. (1990): Wassermusik. Hamburg: Reinbeck

Clarke, John I., Pierre Engelbert, Katharine Murison & Charlotte Vaillant (2006): Cameroon. In Frame (Hrsg.) (2006): 190-214

CIA (Central Intelligence Agency) (2009): The World Factbook. Cameroon [online]. https://www.cia.gov/library/publications/the-world-factbook/geos/cm.html Aufgerufen am 03.03.2009

Conto de Knoll, Dolly (1991): Die Straßenkinder von Bogotá. Ihre Lebenswelt und ihre Überlebensstrategien. Frankfurt a.M.: IKO-Verlag für Interkulturelle Kommunikation

Delacampagne, Christian (2004): Die Geschichte der Sklaverei. Düsseldorf, Zürich: Artemis & Winkler

Deutsche Bundesregierung (1993): Antwort der Bundesregierung auf die Große Anfrage des Abgeordneten Konrad Weiß (Berlin) und der Gruppe Bündnis 90/ Die Grünen. Menschenrechtsverletzungen an Kindern und Jugendlichen in Brasilien. Drucksache 12/ 4455. Bonn

Dias, Eliezer Henrique (1996): Straßenkinder in Brasilien. Ihre Lebenssituation und Ansätze pädagogischer Hilfe. Eitorf: Gata

Duden (o.A.): Duden online [online]. http://www.duden.de/zitieren/10067770/1.4 Aufgerufen am 01.06.2011

Durang, Xavier (2003): Vivre et exister à Yaoundé. La construction des territoires citadin. Paris: Université Paris IV

Eckert, Andreas (2006): Urbanization in Colonial and Post-Colonial West Africa. In Akyeampong (Hrsg.) (2006): 206-223

Essono, Isabelle (2008) : Lutte contre le phénomène des enfants de la rue. In: CRTV [online] http://www.crtv.cm/cont/nouvelles/nouvelles_sol_fra.php?showSection=art&idField=131 9&table=noticias Aufgerufen am 21.04.2009

Eta, Orock (2008): After Social Tension. Calm and Peace Return to Cameroon. In: The Post [online] http://www.postnewsline.com/2008/03/after-social-te.html Aufgerufen am 03.03.2009

Ethnologue (2009): Languages of Cameroon [online]. http://www.ethnologue.com/show_country.asp?name=CM Aufgerufen am 06.03.2009

Faulkner, Donald (1950?): Social welfare and juvenile delinquency in Lagos, Nigeria. London: o.A.

Felsman, J. K. (1981): Street urchins of Cali. On risk, resiliency and adaption in childhood. Cambridge: Harvard University [unveröffentlichte Dissertation]

Frame, Iain (Hrsg.) (2006): Africa South of the Sahara 2007. London: Routledge

Friebertshäuser, Barbara & Annedore Prengel (Hrsg.) (1997): Handbuch Qualitative Forschungsmethoden in der Erziehungswissenschaft. Weinheim, München: Juventa

García Durán, Alejandro (1982): La porción olvidada de la niñe mexicana. México: Diana

Gervais-Lambony, Philippe (1994): De Lomé à Harare. Le fait citadin, Images et pratiques des villes africaines. Paris, Nairobi: Karthala

Glauser, Benno (1990): Street Children. Deconstructing a Construct. In: James & Prout (Hrsg.) (1990): 138-156

Gutiérrez, J. (1967): Infancia de la miseria. Bogotá: Biblioteca de Bolsillo

Hecht, Tobias (1998): At Home in the Street. Street Children of Northeast Brazil. Cambridge: Cambridge University Press

Igbafe, Philip A. (1975): Slavery and Emancipation in Benin, 1897-1945. In: The Journal of African History 16, Nr. 3. 1975: 409-429

Iliffe, John (1987): The African poor. A history. Cambridge: Cambridge University Press

Inter-NGO (1983): Document 83/23-SC/35. Genf: International Catholic Child Bureau

IRIN (Integrated Regional Information Networks)(2009): Cameroon. Silent Emergency Persits [online]. http://www.irinnews.org/Report.aspx?ReportId=83986 Aufgerufen am 26.04.2009

James, Allison & Alan Prout (Hrsg.) (1990): Constructing and Reconstructing Childhood. Contemporary Issues in the Sociological Study of Childhood. London: The Falmer Press

Jeunesse Action, ENDA Tiers Monde (Hrsg.) (1995): Enfants en recherche et en action. Une alternative africaine d'animation urbaine. Dakar: o. A.

Jua, Ntanga & Philip Burnham (2008): Cameroon. In: Middleton & Miller (Hrsg.) (2008) Bd.1: 298-305

Kaime-Atterhög, Wanjiku & Beth Maina Ahlberg (2008): Are street children beyond rehabilitation? Understanding the life situation of street boys through ethnographic methods in Nakuru, Kenya. In: Children and Youth Services Review Vol.30, Nr. 12. 2008: 1345-1354

Kapuściński, Ryszard (2008): Der Andere. Frankfurt a.M.: Suhrkamp

Koller, S.H. & C.S. Hutz (2001): Street Children. Psychological Perspectives. In: Smelser & Baltes (Hrsg.) (2001): 1557-1560

Kopoka, Peter Anthony (2000): The problem of street children in Africa. An ignored tragedy. Dares-Salaam, Tanzania [Konferenzpaper online]. http://www.fiuc.org/iaup/ssi/PDF-doc/IDS-doc/Streetchildren.pdf   Aufgerufen   am 06.03.2009

Krieger, Milton (1994): Cameroon's Democratic Crossroads, 1990-4. In: The Journal of Modern African Studies 32, Nr. 4. 1994: 605-628

Kuckartz, U., T. Dresing, S. Rädiker & C. Stefer (2008): Qualitative Evaluation. Der Einstieg in die Praxis. 2. Aufl. Wiesbaden: VS Verlag für Sozialwissenschaften

Kudrati, Mustafa, Mary L. Plummer & Nassrin Dafalla El Hag Yousif (2008): Children of the sug. A study of the daily lives of street children in Khartoum, Sudan, with intervention recommendations. In: Child Abuse & Neglect Vol.32, Nr. 4. 2008: 439-448.

Lalor, Kevin J. (1999): Street children. A comparative perspective. In: Child Abuse & Neglect Vol. 23, Nr. 8. 1999: 759-770

Le Vine, Robert, Beverly Grier & Alcinda Honwana (2008): Children and Childhood. In: Middleton & Miller (Hrsg.) (2008) Bd. 1: 370-376

Lucchini, Riccardo (1993): Enfant de la rue. Identité, sociabilité, drogue. Genf, Paris: Droz

Malaquais, Dominique (2008): Douala. In Middleton & Miller (Hrsg.) (2008) Bd. 1: 138-139

Marguerat, Yves (1999): Les chemins qui mènent à la rue. Un essai de synthèse sur le processus de production d'enfants de la rue en Afrique noire. In: Les Cahiers de Marjuvia N° 9. 1999: 45-58

Marguerat, Yves (2002): Woe to Thee, o City, when thy King is a street (child). Essay for a Typology of the Dynamics of the Street Children's Universe. In: Trudell et al. (Hrsg.) (2002): 229-254

Marx, Christoph (2004): Geschichte Afrikas. Paderborn: Ferdinand Schöningh

Matchinda, Brigitte (1999): The impact of home background on the decision of children to run away. The case of Yaounde City street children in Cameroon. In: Child Abuse & Neglect Volume 23, Nr. 3. 1999: 245-55

Mayhew, Henry (1851): London labour and the London poor. London: George Woodfall and Son

Mayhew, Henry (1996): Die Armen von London. Frankfurt a.M.: Eichborn

Meunier, J. (1979): Die Straßenkinder von Bogotá. München: Trikont

Middleton, John (1997) Encyclopedia of Africa South of the Sahara, 4 Bde. New York: Simon & Schuster Macmillan

Middleton, John & Joseph C. Miller (Hrsg.) (2008): New Encyclopedia of Africa, 5 Bde. Detroit [u. a.]: Thomson Gale

Ministry of Social and Women's Affairs & Cameroon Federation of Churches and Evangelization Missions (1993): Enquête sur les Enfants en Stratégie de Survie dans la rue au Cameroun. Jaunde: o.A.

Morakinyo, Jide, und A.O. Odejide (2003): A community based study of patterns of psychoactive substance use among street children in a local government area of Nigeria. In: Drug and Alcohol Dependence Volume 71, Nr. 2. 2003: 109-116

Morelle, Marie (2007) : La rue des enfants, les enfants des rues. Yaoundé et Antananarivo. Paris: CNRS Editions

Mveng, Engelbert (1963): Histoire du Cameroun. Clamecy: Présence Africaine

Ngoh, Olive Ejang Tebug (2008): 2 Suspect Bandits Roasted On Easter Day. In: The Post [online] http://www.postnewsline.com/2008/03/2-suspect-bandi.html Aufgerufen am 03.03.2009

Nsom, Kini (2008): Biya Crowned President For Life. In: The Post [online] http://www.postnewsline.com/2008/04/biya-crowned-pr.html Aufgerufen am 03.03.2009

Nsom, Kini & Leocadia Bongben (2006): Waiting for the pope. In: The Post [online] http://www.thepostwebedition.com/Content.aspx?ModuleID=1&ItemID=470 Aufgerufen am 17.03.2009

Nyamnjoh, Francis B. (1999): Cameroon. A Country United by Ethnic Ambition and Difference. In: African Affairs 98, Nr. 390. 1999: 101-118.

Olley, B.O. (2006): Social and health behaviors in youth of the streets of Ibadan, Nigeria. In: Child Abuse & Neglect 13, Nr. 3. 2006: 271-282

Palazzolo, Jérôme, Mariam Bedwani & Martine Esther Tassiba (2008) : Les exclus de la cité. Regard anthropologique et psychopathologique sur les enfants des rues. Paris: Riveneuve

Panter-Brick, C. (2001): Street Children. Cultural Concerns. In: Smelser & Baltes (Hrsg.) (2001): 15154-15157

Pefok, Joe Dinga (2006): Streetchildren On The Increase In Douala. In: The Post [online] http://streetkidnews.blogsome.com/category/1/africa/cameroon-streetkid-news/ Aufgrufen am 17.02.2009

Pefok, Joe Dinga (2009): Douala Tit-bits. Man Irons Wife's Buttocks. In: The Post [online] http://www.postnewsline.com/2009/03/douala-titbits-man-irons-wifes-buttocks.html Aufgerufen am (02.03. 2009)

Pirot, Bernard (2004) : Enfants des rues d'Afrique centrale. Douala et Kinshasa. Paris: Karthala

Plummer, Mary L., Mustafa Kudrati & Nassrin Dafalla El Hag Yousif (2007): Beginning street life. Factors contributing to children working and living on the streets of Khartoum, Sudan. In: Children and Youth Services Review Vol. 29, Nr. 12. 2007: 1520-1536

Roggenbuck, Stefan (1993): Straßenkinder in Lateinamerika. Sozialwissenschaftliche Vergleichsstudie: Bogotá (Kolumbien), Sao Paulo (Brasilien) und Lima (Peru). Frankfurt a. M. [u. a.]: Peter Lang

Roseman, John B., Mark DeLancey, Philip Burnham, und Olutayo Adesina (1997): Cameroon. In: Middleton (Hrsg.) (1997) Bd.1: 219-228

Schmidt, Christiane (1997): Am Material. Auswertungstechniken für Leitfadeninterviews. In: Friebertshäuser & Prengel (Hrsg.) (1997): 544 – 567

Schnee, Heinrich (Hrsg.) (1920): Deutsches Koloniallexikon, 3 Bde. Leipzig: Quelle & Mayer

Selg, Herbert, Jürgen Klapprott & Rudolf Kamenz (1992): Forschungsmethoden der Psychologie. Stuttgart [u. a.] : Kolhammer GmbH

Séraphin, Gilles (2000): Vivre à Douala. L'imaginaire et l'action dans une ville africaine en crise. Paris: L'Harmattan

Simone, Abdu Maliq (2007): Always somewhere else. Local navigation in Douala. In: Babina & Bell (Hrsg.) (2007): 37-55

Smelser, Neil J. & Paul Baltes (Hrsg.) (2001): International Encyclopedia of the Social and Behavioral Sciences. Oxford: Elsevier

Soulillou, Jacques (1993): Le Cameroun. In: Soulillou (Hrsg.) (1993): 290-312

Soulillou, Jacques (Hrsg.) (1993): Rives Coloniales. Architectures, de Saint-Louis à Dakar. Marseille, Paris: Parenthèses/ Orstom

Southall, Roger (2003): Democracy in Africa. Moving Beyond a Difficult Legacy. Pretoria: Human Sciences Research Council

Speitkamp, Winfried (2005): Deutsche Kolonialgeschichte. Ditzingen: Reclam

Speitkamp, Winfried (2007): Kleine Geschichte Afrikas. Stuttgart: Philipp Reclam jun.

Spitzer, Sabine (2005): Lebensweltorientierte soziale Arbeit mit Straßenkindern in Kamerun. Köln: Universität Köln [Examensarbeit]

Terenzio, Fabrizio (1995): Problématique des enfants en situation difficile. In: Jeunesse Action, ENDA Tiers Monde (1995): 22-31

Transparency International (2007): Report on the Transparency International Global Corruption Barometer 2007. Berlin: Transparency International – International Secretariat

Trudell et al. (Hrsg.) (2002): Africas Young Majority. Edinburgh: Center of African Studies

UNDP (2008): Human development indices [online]. http://hdr.undp.org/en/media/HDI_2008_EN_Tables.pdf Aufgerufen am 01.02.2009

UNICEF (1986): Children in especially difficult circumstances. New York: UNICEF

UNICEF (1993): Study on street children in four selected towns of Ethiopia. Addis Abeba: UN-ICEF

UNICEF (2002): The State of the World's Children 2003. New York: UNICEF

UNICEF (2003): Les enfants de la rue au Cameroun. De l'étonnement à l'action. Jaunde : o.A.

UNICEF (2005): The State of the World's Children 2006. New York: UNICEF

UNICEF (o.A.): Statistics. Cameroon [online].
    http://www.unicef.org/infobycountry/cameroon_statistics.html Aufgerufen am 09.02.2009

U.S. Department of State (2009): 2008 Human Rights Report. Cameroon [online]
    http://www.state.gov/g/drl/rls/hrrpt/2008/af/118990.htm Aufgerufen am 03.03.2009

Veale, Angela & Giorgia Donà (2003): Street children and political violence. A socio-demographic
    analysis of street children in Rwanda. In: Child Abuse & Neglect Vol 27, Nr. 3. 2003: 253-269

Wache, Francis, und Azore Opio (2008): Dark Days in Cameroon. In: The Post [online]
    http://www.postnewsline.com/2008/03/dark-days-in-ca.html Aufgerufen am 03.03.2009

Webb, Victor N. & Kembo-Sure (Hrsg.) (2001): African Voices. An introduction to the languages
    and linguistics of Africa. Oxford: Oxford University Press

Weltbank (o.A.): Neue Statistiken nach Land [online]. http://www.wb-infokiosk.org/outside10_46.html# Aufgerufen am 09.04.2009

Wiedemann, Charlotte (2008): Das große Schmieren. In: Die Zeit, Nr.17. 2008: S. 15-19

Wiegelmann, Ulrike & Craig Naumann (1997): Zwischen Ausbildung und Ausbeutung. Die
    talibés mendiants im Senegal. In: Adick (Hrsg.) (1997): 273-292

Williams, Christopher (1993): Who are ,street children'? A hierarchy of street use and appropriate
    responses. In: Child Abuse & Neglect Vol. 17, Nr. 6. 1993: 831-841

Wondimu, Habtamu (1997): The Situation of Street Children in Ethiopia. In: Adick (Hrsg.) (1997):
    293-299

Young, Lorraine (2004): Journeys to the street. The complex migration geographies of Ugandan
    street children. In: Geoforum Vol. 35, Nr. 4. 2004: 471-488

The manufacturer's authorised representative in the EU is Springer
Nature Customer Service Centre GmbH, Europaplatz 3, 69115 Heidelberg,
Germany. If you have any concerns regarding our products, please
contact ProductSafety@springernature.com

Printed and bound by CPI Group (UK) Ltd, Croydon, CR0 4YY
27/04/2026
02097640-0004